Lieutenant CAGNAT

Du 20e Bataillon de Chasseurs

Journal des Marches et des Combats

DU

RÉGIMENT D'ANJOU-INFANTERIE

AU COURS DE LA GUERRE DE SUCCESSION D'AUTRICHE 1741–1748

(Extrait du *Spectateur militaire*.)

AVEC 11 CROQUIS DANS LE TEXTE

PARIS

HENRI CHARLES-LAVAUZELLE

Éditeur militaire

10, Rue Danton, Boulevard Saint-Germain, 118

(MÊME MAISON A LIMOGES)

JOURNAL DES MARCHES ET DES COMBATS

DU

RÉGIMENT D'ANJOU-INFANTERIE

Lieutenant CAGNAT

Du 20ᵉ Bataillon de Chasseurs

Journal des Marches et des Combats

DU

RÉGIMENT D'ANJOU-INFANTERIE

AU COURS DE LA GUERRE DE SUCCESSION D'AUTRICHE 1741-1748

(Extrait du *Spectateur militaire*.)

PARIS

Henri CHARLES-LAVAUZELLE

Éditeur militaire

10, Rue Danton, Boulevard Saint-Germain, 118

(MÊME MAISON A LIMOGES)

JOURNAL DES MARCHES ET DES COMBATS

DU

RÉGIMENT D'ANJOU-INFANTERIE

CHAPITRE Ier

Guerre de Bohême (1741-1743).

LE RÉGIMENT D'ANJOU EN 1741.

Vers le mois d'août 1741, Louis XV — voulant prêter main-forte à l'Electeur de Bavière, qui se préparait à disputer à Marie-Thérèse, la nouvelle reine de Bohême et de Hongrie, le trône impérial — réunit entre Landau et Strasbourg une armée de 45.000 hommes, sous les ordres du maréchal duc de Belle-Isle. Le régiment d'Anjou, alors en garnison à Thionville, fut désigné pour en faire partie. La guerre de Succession d'Autriche était commencée : elle devait durer sept années.

Mais, avant de suivre dans ses marches et combats le régiment qui devait parcourir pendant cette longue campagne l'Allemagne méridionale, la Bohême, les hautes vallées du Dauphiné, le comté de Nice et les plaines du

Pô, il convient d'étudier d'abord sa composition, et de voir quels étaient à cette époque l'armement, l'habillement et l'équipement de ses soldats.

Pour connaître sa composition, on n'a qu'à se reporter à l'ordonnance royale du 8 janvier 1737, qui, à la fin de la guerre de la Succession de Pologne, avait mis l'infanterie sur le pied de paix. Anjou comprenait, avec 2 bataillons, un état-major composé du colonel, M. le marquis d'Armentières ; du lieutenant-colonel, M. le baron de Rivery ; du major, M. de Stuard, et de deux aides-majors, MM. de Larrée et de Kéralio.

Chaque bataillon était de 510 hommes et comptait 17 compagnies, dont 1 de grenadiers et 16 de fusiliers. Le capitaine de Graveron commandait les grenadiers du 1er bataillon ; M. du Vernay, ceux du 2e. Chaque compagnie était de 30 hommes, dont 2 sergents, 2 caporaux, 2 anspessades et 1 tambour. A la tête de chaque compagnie, il y avait un capitaine et un lieutenant. En plus de ces officiers, les compagnies de grenadiers avaient un sous-lieutenant, et les trois premières compagnies de fusiliers de chaque bataillon, un lieutenant en second. Dans les compagnies colonelle et lieutenant-colonelle, ces officiers portaient le nom d'enseignes.

Chaque bataillon possédait trois drapeaux : un blanc à la compagnie colonelle, les autres aux couleurs du régiment. Pour Anjou, c'étaient deux quartiers formés de flammes ondées alternativement incarnat et aurore, et deux quartiers formés de flammes ondées alternativement incarnat et bleu ; les pointes de ces flammes vers le centre de la croix, avec une bordure de carreaux alternativement aurore, incarnat et bleu.

Un pareil effectif de 510 hommes par bataillon n'était pas suffisant pour entrer en campagne ; aussi, dès que la guerre fut résolue, décida-t-on d'augmenter leur force, et de les porter à 685 hommes. C'est ce que fit l'ordonnance royale du 15 mai 1741 : les compagnies de grenadiers passèrent de 30 à 45 hommes, en prélevant les 15 nouveaux grenadiers dans les compagnies de fusiliers du bataillon. Quant à ces dernières, pour compter 40 hommes, elles eurent à lever 11 fusiliers : 1 pour remplacer le grenadier fourni et les 10 autres comme hommes de supplément. Le roi donnait aux capitaines 50 livres par recrue à lever et 15 livres de gratification, la compagnie une fois au complet. Il fournissait de plus l'habillement, le chapeau et le fusil avec sa baïonnette. C'était au capitaine à payer la façon de l'habit et à donner l'épée, le ceinturon, la cartouche et le fourniment. L'uniforme du régiment était gris blanc, avec parements bleus, boutons de cuivre et chapeau bordé or.

Chaque soldat avait un fusil avec sa baïonnette, un ceinturon, une épée et une cartouche bandoulière garnie de dix-huit coups.

Son havresac contenait trois chemises, une paire de souliers, des culottes et des guêtres de rechange.

Le fantassin devait porter tout ce qu'il fallait pour camper et vivre en campagne. Chaque compagnie était divisée en cinq chambrées de 8 hommes : chacune d'elles possédait une tente avec deux fourches, une traverse et vingt petits piquets, plus deux outils dans leur étui. Pour faire la cuisine elle avait une marmite, une gamelle, un bidon et une grande cuiller, le tout réparti entre les hommes, qui étaient chargés en plus de quatre rations de pain à 1 livre et demie la ration, quatre rations de viande à 1 demi-livre et 8 onces de riz.

Mais ce n'était pas tout : la compagnie emportait en plus un manteau, un faisceau d'armes, des piquets et des cordeaux. Tout cela faisait une moyenne d'à peu près 55 livres par homme, et quand, en cas de marches forcées, on donnait des vivres pour six jours, le fardeau du soldat était d'environ 60 livres.

Traversée du Würtemberg et de la Bavière
(août, septembre, octobre 1741).

Au début donc du mois d'août 1741, le régiment d'Anjou quitta Thionville pour aller rejoindre, sous Strasbourg, l'armée destinée à envahir l'Autriche. Son effectif était de 1.370 hommes, dont à peu près un tiers de recrues n'ayant que deux mois de service. Pour se rendre sur le haut Danube, où l'on devait retrouver les troupes bavaroises, l'armée fut organisée en divisions. Le régiment d'Anjou fut versé dans la 4ᵉ, commandée par le lieutenant-général de Curton-Chabannes, avec MM. de Marcieu et Boufflers comme maréchaux de camp. Cette division était formée de la brigade d'Anjou (2 bataillons Anjou, 3 bataillons Alsace, 1 bataillon Rochechouart), à laquelle on avait adjoint 2 escadrons de Lévis-Cavalerie et la compagnie d'ouvriers d'artillerie, sous M. de Brocard.

La division de Curton-Chabannes s'ébranla la dernière. Elle traversa le Rhin le 21 août au pont de Fort-Louis, et, suivant à deux jours de marche la 3ᵉ division, elle se dirigea vers le haut Danube par la Forêt Noire et le Würtemberg. Elle passa à Rastatt et Ettlingen ; puis quittant la vallée du Rhin, atteignit celle de l'Enz, affluent du Neckar, à Pforzheim. Elle marcha ensuite sur Kannstadt, petite ville tout près de Stuttgard, où elle traversa le Neckar, remonta la vallée de la Béris, alla à Gmünd, à Aalen, descendit la vallée de la Rics, passa à Nordlingen et arriva enfin, le 11 septembre, à Donauwerth.

Malgré le temps pluvieux et froid, ces longues marches se passèrent bien. On levait le camp tous les matins à 3 heures et on marchait la plus grande partie de la journée. Les étapes n'étaient pas trop dures, parce que les troupes louaient des chariots pour porter leurs bagages. Il n'y eut ni traînards ni maraudeurs.

La nourriture était assurée : les vivres et le fourrage étaient fournis par les habitants des localités où l'on campait, d'après des bons de réquisition donnés par l'Electeur de Bavière. Tout le long de la route on trouvait des paysans qui venaient vendre aux troupes tout ce dont elles avaient besoin. Aussi n'eut-on à se plaindre que de la dysenterie, qui, à cause des pluies continuelles, fit des ravages aussi bien parmi les officiers que parmi les soldats. En passant à Stuttgard, les officiers d'Anjou furent invités par la duchesse de Würtemberg à un grand dîner suivi d'un bal.

A Donauwerth, on se disposa à prendre un peu de repos, en attendant de s'embarquer sur les navires et les chalands qui portaient les troupes françaises vers Lintz, que l'Electeur de Bavière était en train d'assiéger.

Mais des ordres subits vinrent donner à la brigade une autre destination.

Craignant l'invasion de ses Etats par une armée débouchant de Bohême, alors qu'il serait occupé en Autriche, l'Electeur envoya 5 bataillons bavarois et 800 chevaux, sous M. de Minutzi, occuper le Haut-Palatinat et surveiller les débouchés du Böhmer-Wald. Ne trouvant pas cette force suffisante, il donna l'ordre à la brigade d'Anjou, à la tête de laquelle fut placé M. de Ximenès, d'aller renforcer M. de Minutzi. Anjou devenait donc flanc-garde de gauche de l'armée marchant sur Vienne.

Comme on était pressé, et que les bateaux étaient en nombre très insuffisant, à cause d'une crue subite du Danube qui les avait empêchés de rejoindre, la brigade se remit en marche après seulement deux jours de repos. Mais, avant, on détacha du régiment une soixantaine d'hommes, sous les ordres du capitaine marquis de

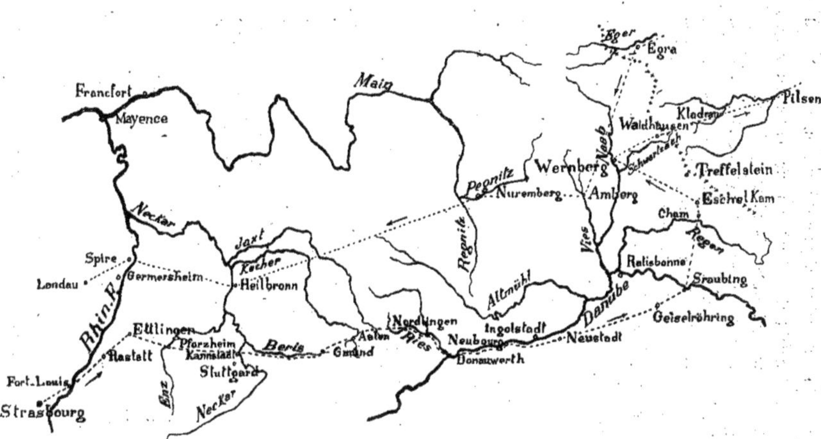

Croquis de la marche du régiment d'Anjou à travers le Würtemberg et la Bavière (1741-43).

Razat, pour se rendre à Ingolstadt et en former la garnison, avec d'autres détachements, des régiments déjà passés. Ils y restèrent jusqu'en avril 1742, époque à laquelle on les envoya rejoindre leurs camarades.

Le 13 septembre, voilà donc le régiment d'Anjou parti de Donauwerth, dans la direction du Haut-Palatinat. Il s'y rendit par Neubourg, Neustadt, Geiselröhring, passa le Danube à Straubing, puis gagna les frontières de Bohême par Azenzell et Cham, où il arriva le 21 septembre.

Cette marche eut lieu dans les mêmes conditions que la précédente, avec cette différence que les habitants de la Bavière, dont nous venions soutenir l'Electeur, montrèrent beaucoup de mauvais vouloir envers nos troupes et firent toutes sortes de difficultés pour exécuter les réquisitions. Les soldats, qui s'attendaient de la part d'alliés à un tout autre accueil, étaient furieux, et il fallut toute l'autorité des généraux et des officiers pour empêcher le pillage.

La brigade s'établit à Eschelkam et se mit tout de suite en liaison avec le corps de M. de Minutzi, qui se trouvait de l'autre côté du défilé de Waldmünchen, à Treffelsteim, en face de 4.000 à 5.000 Autrichiens, sous les ordres du prince de Lobkowitz. La brigade d'Anjou resta ainsi dans cette position de garde-flanc de l'armée jusque vers le début d'octobre.

A cette époque elle quitta Eschelkam et alla se porter, avec le corps de Minutzi, à Wernberg, sur le Naab, afin de protéger la concentration à Amberg d'un corps de 20 bataillons et de 44 escadrons, aux ordres du lieutenant-général de Gassion, venu de France, par la vallée du Mein, pour envahir la Bohême et marcher sur Prague.

Le 16 octobre, Anjou se porta en avant avec toutes

les troupes de Wernberg formant l'avant-garde de l'armée, et alla s'établir à Hessuldorf, à 2 lieues de Waidhausen, sur la frontière même de Bohême.

Entrée en Bohême. Prise de Prague
(octobre et novembre 1741).

Le 21 octobre 1741, l'avant-garde de l'armée, composée des 6 bataillons de la brigade d'Anjou, de 1.000 hommes de la brigade de Piémont et de 300 cavaliers des régiments de Fleury, d'Hendicourt et de Fiennes, pénétra enfin sur le territoire ennemi. On n'eut, du reste, à tirer aucun coup de fusil, car M. de Lobkowitz, loin de faire la moindre résistance, se retira immédiatement sur Prague.

Le 24 octobre, la brigade d'Anjou arriva à Kladran et, le 26, à Pilsen. Ici l'avant-garde française fut abandonnée par les Bavarois, rappelés en toute hâte par l'Electeur, qui redoutait une invasion de ses Etats par la Styrie ; mais elle fut bientôt rejointe par toute l'armée.

Cette entrée en territoire ennemi fut marquée malheureusement par des actes de maraude auxquels nos soldats furent poussés par l'exemple des Bavarois.

Pour arrêter de pareils désordres, M. de Gassion fit pendre les maraudeurs d'Anjou arrêtés, et tout rentra dans l'ordre.

Puis on se reporta sur Prague pour donner la main à l'armée franco-bavaroise de l'Electeur, qui s'y dirigeait, venant du sud.

M. d'Armentières, colonel d'Anjou, fut mis à la tête de l'avant-garde, composée de 4 compagnies de grenadiers, 600 fusiliers et 200 chevaux : elle quitta Pilsen le 5 novembre.

La brigade d'Anjou et deux brigades de cavalerie suivirent le lendemain avec M. de Gassion ; le reste de l'armée s'avançait ensuite à deux jours de marche, aux ordres de M. de Clermont-Tonnerre.

On arriva à Rokitzan le 6 au soir, le 7 à Mauth, le 8 à Zebrack, et le 9 à Beraun, où l'on fut rejoint, le 11 novembre, par le reste de l'armée.

Malheureusement la pluie s'était mise à tomber, et les chemins étaient devenus déplorables. Malgré cela, et bien que couchant toujours sous la tente, les hommes étaient pleins d'entrain. La nourriture était assurée, la discipline excellente, et il y avait peu de malades.

Le 13, toute l'armée de Gassion traversa la Beraun et campa sur la rive gauche, à cheval sur la route de Prague. Le 19, le régiment s'ébranla avec toute l'armée et se porta à Horselitz, où l'on retrouva l'armée franco-bavaroise de l'Electeur. Le 20, l'infanterie dressa ses tentes en vue de la ville de Prague : Anjou était à côté du village de Ginonitz.

L'escalade de Prague fut exécutée dans la nuit du 25 au 26 novembre. Deux piquets d'Anjou, c'est-à-dire 100 hommes environ, prirent part à la fausse attaque dirigée par M. de Polastron contre la partie sud-ouest de la ville, du côté de la porte d'Empire. Cette fausse attaque, commandée par le colonel La Serre, du régiment du Roi, comprenait 4 compagnies de grenadiers (1 Piémont, 1 Luxembourg, 2 Royal-Bavière) et 4 piquets (2 Anjou, 2 Piémont), plus 10 pièces de canon. Elle avait pour mission de s'emparer de ce que l'on appelait les vieux retranchements (ouvrages de fortification construits par les Suédois du temps de la guerre de Trente ans), et d'y faire grand bruit, pendant l'attaque de Maurice de Saxe sur la porte Neuve.

C'est ce qui fut fait. Le détachement s'empara des vieux retranchements, vers 1 heure du matin, et, deux heures durant, on en dirigea sur la ville une canonnade et une fusillade ininterrompues. Chaque homme tira au moins soixante coups de fusil, ce qui, pour l'époque, était énorme. Aucun soldat d'Anjou, du reste, ne fut tué ni blessé.

Le matin, la ville étant prise, le détachement du régiment rentra dans son camp.

Opérations sur la basse Moldau. Camp de Pisseck. Expédition contre le château de Winterberg. Prise des quartiers d'hiver (décembre 1741 à mai 1742).

En présence du succès des Franco-Bavarois, le grand-duc de Toscane, qui accourait avec l'armée autrichienne au secours de Prague, se retira sur Budweiss. L'Electeur de Bavière décida d'envoyer à sa poursuite un corps de troupes pour reconquérir cette ville et la route de Freystadt, afin de se maintenir en communication avec M. de Ségur, toujours dans la Haute-Autriche. M. d'Aubigné fut chargé de conduire l'opération.

Il avait sous ses ordres les brigades d'Anjou et de Piémont et les brigades de cavalerie Colonel-Général et Orléans. Cela faisait environ 15.000 hommes. Le 4 décembre 1741 donc, le régiment d'Anjou quitta Prague, remonta la Moldau et arriva le 8 à Pisseck, pendant que M. d'Aubigné se portait à Protiwin avec la cavalerie et le corps bavarois du maréchal de Törring. Mais là il se heurta à des forces supérieures ; aussi résolut-il de faire prendre les quartiers d'hiver.

La brigade d'Anjou fut répartie dans six petits villages autour de Woleschnik et de Strachowitz, en arrière de Bavarois qui occupaient Frauenberg.

Des ordres sages et précis furent donnés pour éviter le désordre et maintenir la plus exacte discipline, le tout fut préparé dans le cas d'une attaque de l'ennemi débouchant de Budweiss.

Elle se produisit bientôt : la petite ville de Wodnian fut attaquée par surprise et enlevée.

M. d'Aubigné recula et rappela immédiatement ses troupes sur Pisseck.

Anjou y arriva le 26 décembre et prit place dans le camp dressé par M. de Champigny, major-général, à l'abri d'un coude de la Wottawa.

Le régiment était en première ligne, entre Piémont et Rochechouart, derrière les batteries couvrant le front du camp. Il prit les armes dans la nuit du 28, pendant l'attaque que le grand-duc de Toscane dirigea sur Pisseck. Cette attaque une fois repoussée, l'ennemi s'éloigna ; mais, étant donnée la proximité où il était encore, on ne voulut pas lever le camp tout de suite.

Malgré la température terrible, la neige et la glace, l'armée y séjourna jusqu'au début de janvier 1742. Les soldats y moururent de froid par centaines et beaucoup d'entre eux y contractèrent les germes des maladies qui devaient les enlever plus tard dans les cantonnements.

A l'exemple des Allemands, on leur distribua des camisoles croisées et des bas drapés. On augmenta les rations de viande, de riz et de sel. On donna des souliers neufs à ceux qui en avaient besoin. Aussi les hommes supportèrent-ils avec patience, et même avec gaîté, leurs épreuves. Cela tenait surtout à ce que le bon exemple leur était donné par les généraux et les officiers de tous grades, qui bivouaquaient au milieu d'eux. Ces derniers souffrirent même beaucoup plus que les soldats ; car il n'y avait pas de distributions prévues pour eux, et ils trouvaient très difficilement à se nourrir. Aussi le souvenir du bivouac de Pisseck resta-t-il longtemps dans la mémoire des armées françaises.

Enfin, l'ennemi s'étant définitivement éloigné, on cantonna les troupes. La brigade d'Anjou s'établit le 6 janvier à Nepotrzitz, Wondrichow et Dobeschitz.

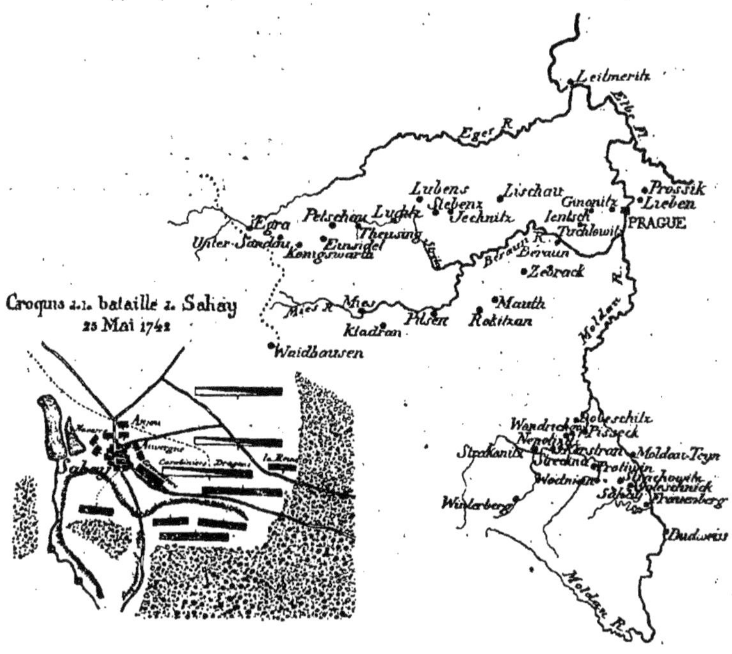

Opérations en Bohême.

Elle n'y demeura du reste pas longtemps. Le régiment fut désigné presque aussitôt pour aller soutenir le maréchal de Törring et ses Bavarois se dirigeant sur le château de Winterberg et, de là, sur Passau.

Le 10, il quitta ses cantonnements et se mit en marche, remontant la vallée de la Wottawa, puis de la Wolinka. Les Bavarois étaient suivis à 1 lieue près par 800 hommes de bonne volonté des brigades d'Anjou et de Piémont, commandés par le colonel d'Armentières. En arrière marchaient les deux brigades, ainsi que les régiments de cavalerie de Colonel-Général et de Mestre de Camp-Général.

A notre approche, le 12 janvier, les Autrichiens évacuèrent le château de Winterberg. Comme son importance était grande au point de vue des communications, on y plaça immédiatement une garnison française de 400 hommes, tirés de différents régiments, et à sa tête on mit M. de Rivery, lieutenant-colonel d'Anjou. On lui donna des provisions de bouche et de guerre pour pouvoir faire face à un siège d'un mois. Cette expédition une fois terminée, on se reporta en arrière.

Le régiment prit alors définitivement ses quartiers d'hiver. Un bataillon s'établit à Streckna et l'autre à Kerstran, avec la mission de barrer les gués de la Wottawa. Ils restèrent cantonnés dans ces deux villages jusqu'à la fin du mois d'avril.

Cette période d'hiver fut désastreuse pour l'armée française. Les cantonnements de Bohême étaient, en effet, déplorables : resserrés les uns contre les autres, on n'y trouvait rien. Aussi les maladies apparurent-elles en grand nombre et causèrent-elles des ravages effrayants.

De plus, si l'armée ennemie s'était retirée, on n'en était pas moins dans un pays hostile, parcouru dans tous les sens par les troupes irrégulières de l'adversaire : Talpaches, pandours, Croates et hussards. Ceux-ci massacraient les isolés, les maraudeurs, attaquaient les convois, les escortes, les postes détachés, et ils étaient d'autant plus certains de les enlever et de les détruire qu'on ne se gardait pour ainsi dire pas : la misère et les grands froids avaient abattu tous les courages.

On était las de cette guerre lointaine, surtout les officiers, qui ne cherchaient qu'à rentrer en France et négligeaient tout à fait leur service. Quant aux soldats, ils ne songeaient plus qu'à piller, et leur désobéissance était continuelle.

Enfin, l'éloignement où l'on était de la France rendait

à peu près impossible de faire des recrues comme à
l'ordinaire ; de sorte que, quand au printemps on voulut
reprendre la campagne, les bataillons comptaient à peine
300 hommes, c'est-à-dire moins de la moitié de l'effectif
qu'ils avaient en quittant la France au mois d'août.

**Reprise des hostilités au printemps. Bataille de Sahay.
Retraite sur Prague (mai et juin 1742).**

Ce ne fut qu'au début de mai 1742 que l'on recommença les opérations actives. A cette époque, le prince
de Lobkowitz, prenant l'offensive, était venu mettre le
siège autour du château de Frauenberg. Le maréchal de
Broglie résolut aussitôt d'aller porter secours à la garnison. Le rassemblement des troupes eut lieu à Protiwin :
Anjou s'y trouva le 20 mai. On lui adjoignit les trois
régiments de Languedoc, Dauroy et La Ferre, d'un bataillon chacun, pour former la brigade.

.Le 25 mai au matin, on se mit en marche. Les 2 compagnies de grenadiers d'Anjou furent détachées, et avec
35 autres compagnies de grenadiers, 500 carabiniers et
400 dragons, formèrent l'avant-garde aux ordres de
M. d'Apelgrhen.

L'armée suivit la grande route de Wodnian, remontant
la Blanitz. Cette ville une fois dépassée, on inclina à
gauche pour se rapprocher de Frauenberg. Au sortir de
passages fort étroits, entre des étangs, on entra dans
la plaine de Sahay, où l'on vit l'armée ennemie rangée
en bataille, entre le village et les bois.

L'avant-garde des grenadiers, avec les 2 compagnies
d'Anjou, alla de suite se placer dans le chemin creux
qui sort de Sahay et se dirige vers l'est.

La première ligne, composée des carabiniers, des dragons et d'infanterie, se forma en bataille en face de

l'ennemi. Puis, au moment où la seconde ligne, dont faisait partie le régiment d'Anjou, se disposait à suivre le mouvement et côtoyait le village, elle fut accueillie par des coups de fusil. C'était une bande de pandours et de Rasciens qui s'étaient jetés dans Sahay pour attaquer par surprise la droite française. Aussitôt on donna l'ordre de marcher à l'ennemi, et, pendant que Navarre contournait le village, Anjou s'y précipitait à la baïonnette. Il fut bientôt conquis, ainsi que le cimetière, enlevé par le 2e bataillon. Mais, comme les ennemis refusaient de se rendre, on mit le feu aux maisons dans lesquelles ils s'étaient réfugiés. Puis le régiment d'Anjou, continuant son mouvement, sortit du village et se dirigea sur le bouquet de bois au sud, encore occupé par l'ennemi.

Pendant ce temps la cavalerie française culbutait celle des Autrichiens, de sorte que le champ de bataille nous resta. On bivouaqua sur place : Anjou sur la croupe au sud du village. Dans cette affaire, le régiment perdit 1 homme tué ; 1 sergent et 5 soldats étaient blessés.

Le lendemain 26, Frauenberg était débloqué, et, en attendant des renforts pour pousser plus avant contre le prince de Lobkowitz, le maréchal de Broglie fit cantonner ses troupes. La brigade d'Anjou fut placée entre Frauenberg et Moldau-Teyn, avec la mission de soutenir en cas de danger M. d'Aubigné occupant Moldau-Teyn avec la brigade de Marine et de la cavalerie.

Mais un coup de théâtre changea brusquement la face des choses : Frédéric II abandonna ses alliés et signa un traité d'alliance avec Marie-Thérèse. De sorte qu'on apprit tout à coup que l'armée du prince Charles, devenue libre, par suite de la défection du roi de Prusse, arrivait à marches forcées pour se joindre au prince de Lobkowitz et écraser avec lui les troupes du maréchal de Broglie.

Leur attaque ne se fit pas longtemps attendre : le 5 juin,

M. d'Aubigné fut assailli à Teyn par des forces supérieures et obligé de reculer. Pris de peur, les généraux
français décidèrent de revenir en toute hâte sous les murs
de Prague. L'armée fut rassemblée et la retraite commença immédiatement. Anjou, qui avait été sous les
armes toute la journée du 5 juin et toute la nuit du 5 au
6, décampa le 6 au matin, marcha encore tout le jour,
en faisant sans interruption le coup de feu contre les
cavaliers ennemis.

Le 7 au matin, il arriva à Wodnian, entre 5 et 6 heures,
après avoir marché de nouveau la nuit entière. L'armée
passa la journée en bataille derrière la Blanitz, à Protiwin ; mais l'ennemi, trouvant les troupes trop bien pla-
cées, n'osà attaquer. Aussi, dès le soir, Anjou repartit
pour Pisseck où il arriva le 8 au matin. Il quitta du reste
la ville presque aussitôt et ne s'arrêta que quelques ins-
tants à Mirowitz.

Les généraux se trouvant alors suffisamment éloignés
de l'ennemi, l'armée eut la permission de prendre un
peu de repos : le 13 juin, elle arriva à Prague après avoir
descendu constamment la Moldau. Elle était harassée,
et les hôpitaux de Prague furent immédiatement remplis
de malades.

Cette retraite, qui n'était pas du tout imposée par la
situation, fut désastreuse, aussi bien au point de vue
moral — car c'était une véritable fuite sans avoir com-
battu — qu'au point de vue matériel : l'armée y laissa
son trésor, ses bagages, ses approvisionnements. Les officiers perdirent leurs chevaux de main et leurs effets, ce
dont ils souffrirent jusqu'à la fin de la campagne. Enfin,
les détachement laissés en arrière, les malades, les traînards, furent tous sans exception enlevés par la cavalerie
ennemie. Anjou perdit de la sorte 42 hommes qui furent
pris ou tués par les Autrichiens.

Missions confiées, pendant le siège de Prague, au colonel d'Armentières et au lieutenant-colonel de Rivery.

Aussitôt à Prague, le maréchal de Broglie établit ses troupes dans leur camp, puis il attendit la venue de l'ennemi. Mais, avant d'essayer d'étudier l'histoire du régiment d'Anjou pendant ce siège célèbre, il faut voir ce qu'étaient devenus le colonel et le lieutenant-colonel, qui, chose curieuse à remarquer, n'étaient ni l'un ni l'autre avec le régiment à cette époque.

Immédiatement après l'expédition du château de Winterberg, au début de janvier 1742, le colonel d'Armentières fut envoyé par le maréchal de Broglie à Ingolstadt pour y prendre le commandement des différents détachements qu'on y avait laissés, ainsi qu'il a été dit plus haut, et mettre la ville en état ; car on voulait en faire une place de sûreté le long du Danube. Il eut donc à s'occuper de faire réparer les remparts, de les armer et de réunir les approvisionnements nécessaires. Il resta à Ingolstadt jusqu'au 7 avril, époque à laquelle il fut remplacé par M. de Villemur, et revint prendre le commandement de son régiment. Il assista à la bataille de Sahay ; mais, après l'attaque du 5 juin, le maréchal de Broglie l'envoya en poste de Pisseck à Pilsen pour y rassembler les troupes qui y étaient cantonnées et les amener, ainsi que 6 bataillons de milices venant de France, à Prague, en passant derrière l'Eger, par Leitmeritz et Melnick. Mais le maréchal de Broglie, ayant changé d'idée, lui envoya l'ordre, à moitié chemin, de retourner à Egra. Là, il se tira avec honneur de plusieurs missions difficiles qui lui furent confiées par le maréchal de Maillebois et par Maurice de Saxe. Envoyé enfin par la Saxe porter des renseignements au maréchal de Broglie, il retrouva son régiment : nous le verrons, au mois de novembre, au siège de Leitmeritz.

Quant au lieutenant-colonel, M. de Rivery, il continua à commander le château de Winterberg, où l'ennemi le serra de très près. Au moment de la retraite sur Prague, il se retira avec son détachement sur Egra, dont il forma, avec quelques milices, toute la garnison pendant l'année 1742. Il y était encore au retour de l'armée de Prague. Le maréchal de Belle-Isle fit alors rentrer les hommes dans leurs différents régiments, et fit prendre à M. de Rivery le commandement des débris d'Anjou revenant en France.

Siège de Prague (juin à septembre 1742).

Le maréchal de Broglie établit son armée dans la boucle que forme la Moldau au sortir de Prague. Le régiment d'Anjou, qui ne comptait plus à cette époque que 525 officiers et soldats présents sous les armes, dressa ses tentes face à l'ouest, dans un petit vallonnement allant de l'allée bordée d'arbres en face de la porte Charles au village de Holleschowitz.

La brigade d'Anjou avait à sa gauche les trois brigades de la Reine, d'Auvergne et d'Orléans, occupant le chemin couvert le long des remparts nord de la ville. A sa droite était la brigade de Navarre, qui s'étendait jusqu'au village de Bubenech. Derrière elle, à Buben, se trouvait toute la cavalerie, ainsi que le quartier général.

La fin du mois de juin se passa, pour Anjou et Navarre, à construire un retranchement aux parapets palissadés intérieurement, qui menaient du chemin couvert au village de Bubenech, barrant ainsi toute l'entrée de la presqu'île. Quant au village, on crénela du côté de la campagne les maisons, les cours et les jardins.

Au début de juillet la brigade d'Anjou fut chargée d'une autre mission.

La Moldau étant guéable en plusieurs endroits, le maréchal de Broglie redoutait une surprise de son camp par derrière. Aussi envoya-t-il le régiment s'établir au fond de la boucle de la Moldau vis-à-vis du village de

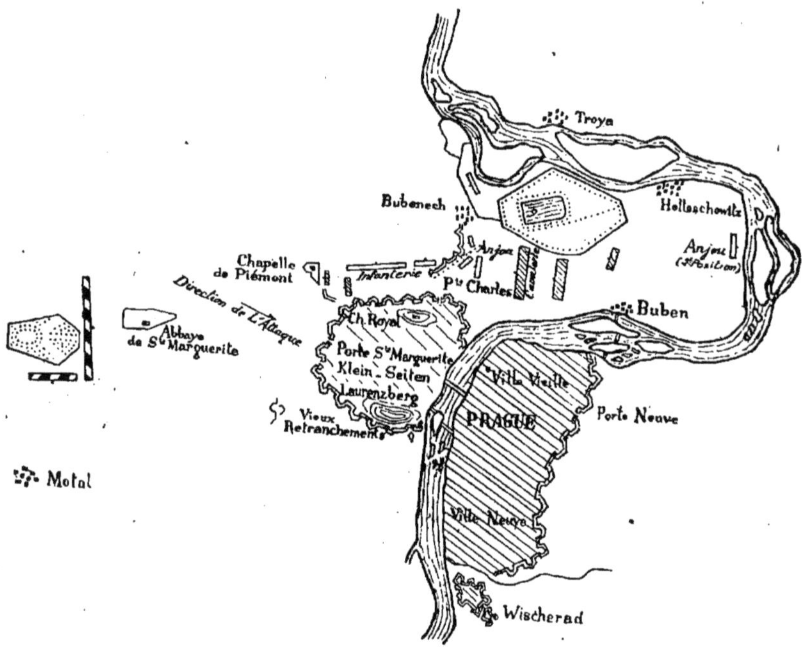

Siège de Prague.

Lieben, face à l'est. Des postes furent établis le long de la rivière, surveillant tous les passages possibles. Le régiment resta ainsi le mois de juillet en entier et une partie d'août.

Il profita de ce temps de repos relatif pour se refaire un peu. On augmenta son effectif, ainsi que celui des autres corps de la garnison, en y incorporant les miliciens de 7 bataillons de milices entrés le 17 juin dans la place avec M. d'Estrées.

Le 29 juillet, les piquets d'Anjou prirent part à la grande sortie de cavalerie faite par le maréchal de Broglie, appuyée par 2.500 grenadiers et fusiliers. L'infanterie partit à 4 heures du matin, traversa la Moldau à Bubenech et se porta sur les hauteurs de Troya. Là elle se forma en carrés dans les vignes, pour protéger l'entrée d'un ravin par où devait passer la cavalerie. A midi, on était rentré au camp : Anjou avait eu 5 soldats blessés.

A partir du 6 août, les vivres commencèrent à manquer et on se mit à distribuer du cheval. Le maréchal de Broglie donna l'exemple en en servant à sa table. Quant aux officiers, M. de Séchelles, intendant de l'armée, leur fit donner par la ville un pain blanc et une bouteille de vin par jour.

Le 15 août, les batteries ennemies, qui dominaient le camp des deux côtés de la Moldau, commencèrent à tirer, et leur effet fut tel qu'il fallut immédiatement faire rentrer toutes les troupes en ville : c'est ce qui eut lieu dans la nuit du 15 au 16. Les grenadiers d'Anjou, servant d'arrière-garde aux brigades de Navarre et du Roi, restèrent dans le vieux camp jusqu'à la pointe du jour et se retirèrent à leur suite dans le chemin couvert. Quant à la brigade, elle rentra dans la ville neuve par le pont de bateaux de la basse Moldau. Elle y fut campée entre la porte Neuve et la porte de l'Hôpital ; plus tard, les hommes furent cantonnés dans les maisons.

Alors commença pour le régiment la véritable vie de siège. Une fois par semaine, il prenait la garde aux remparts du côté de l'attaque, à l'ouest de Prague, dans la partie de la ville appelée Klein-Seiten, vers la porte Sainte-Marguerite. Ces gardes furent marquées, surtout à partir de fin août, par de petites sorties, dans le but de déranger les travaux des assiégeants.

Le reste du temps, le régiment fournissait des travailleurs pour organiser la défense. On remua en èffet la terre d'une façon extraordinaire, pendant ce siège : c'était le chevalier de Belle-Isle, frère du maréchal, qui dirigeait tout. Il fallut creuser et palissader des retranchements, établir des batteries, plus tard les réparer, créneler les maisons, blinder les portes, combler la brèche, préparer des fascines, des gabions. Enfin, quand l'ennemi fut proche, on commença à se servir de la mine, ce qui demanda énormément de bras.

Cette vie d'assiégés, qui dura un mois, du 15 août au 13 septembre, jour où l'armée autrichienne leva le siège pour se porter à la rencontre du maréchal de Maillebois, fut entrecoupée par deux grandes sorties destinées à ruiner les travaux des assiégeants.

La première eut lieu dans la nuit du 18 au 19 août. La brigade d'Anjou était, avec la brigade de Navarre, sous les ordres du duc de Biron, qui avait à conduire l'attaque de gauche : 10 compagnies de grenadiers marchaient en tête.

On sortit de la ville à 1 heure du matin par la poterne du Laurenzberg, et on attendit dans les fossés le signal de l'attaque, qui devait être donné par trois bombes partant de la batterie du centre du Laurenzberg. Le point de direction était la droite de la parallèle ennemie, et les batteries à bombes derrière les vieux retranchements suédois, qu'Anjou avait occupés l'année précédente, lors de la fausse attaque de M. de Polastron.

On devait marcher droit sur les retranchements ennemis, culbuter tout ce qui s'y trouverait et s'établir pour permettre aux travailleurs de combler la tranchée, de briser ou d'enclouer l'artillerie, enfin de mettre le feu à la maison à laquelle était appuyée la droite de la parallèle.

A 3 h. 1/2 du matin, le signal fut donné. M. de Biron occupa les retranchements ennemis, après avoir fait plier tout ce qui était en face de lui. 10 mortiers et 8 pièces de gros canons furent encloués ou brisés. Le capitaine des Rives, d'Anjou, se distingua tout spécialement : à la tête de sa compagnie de grenadiers il attaqua une des batteries de mortiers et en chassa les Autrichiens à coups de baïonnette. Aussi, à la fin de la campagne, fut-il proposé pour une gratification de 400 livres, et le duc de Biron appuya sa proposition de tout son pouvoir.

A 6 heures du matin, on était rentré à Prague. L'attaque avait été si vive et si énergiquement menée que les pertes furent minimes. Anjou n'eut qu'un officier blessé, le capitaine de Lisle, 3 soldats tués et 9 blessés.

Dans la seconde sortie, qui eut lieu dans l'après-midi du 22 août, le régiment n'eut qu'à prendre les armes pour pouvoir soutenir, en cas de besoin, les troupes d'attaque. Anjou se contenta de fournir quelques travailleurs : un seul officier, le capitaine de la Proutière, fut blessé.

Il faut aussi signaler un fait d'armes assez remarquable à l'actif des travailleurs de la brigade d'Anjou : 50 d'entre eux, aux ordres de M. de Balande, capitaine de Languedoc, avaient l'ordre de suivre, à l'attaque du centre, la brigade de Navarre. Quand elle eut débouché, il se jeta avec ses hommes vers les murs du jardin de Sainte-Marguerite : il y trouva une batterie de 4 mortiers qu'il fit briser et enclouer. Un peu plus sur la droite, plusieurs soldats de son détachement en trouvèrent une autre de 6, qu'ils brisèrent et enclouèrent pareillement, après avoir emporté les ferrures, chapes et coquilles qui tenaient les mortiers aux plates-formes. Puis, pénétrant dans une galerie à poudre, ils y rencontrèrent des barils qu'ils allèrent renverser dans une flaque d'eau, et enfin ils rentrèrent dans la ville en rapportant tous les ustensiles et tous les instruments dont ils s'étaient emparés.

Pour finir, on peut citer une de ces petites sorties de détail que le maréchal de Belle-Isle faisait exécuter presque tous les soirs pour aller inquiéter les postes et les travailleurs ennemis dans les parallèles.

Le 10 septembre au soir, à 9 h. 30, M. de Lisle, capitaine d'Anjou, déboucha de l'ouvrage de Piémont avec deux compagnies : la sienne et une de carabiniers. Il marcha longtemps à couvert du mur qu'il longeait, jusqu'à une grange, où il trouva une petite troupe ennemie qui fit mine de le vouloir attaquer. Il la prévint en faisant exécuter un quart de conversion à droite à ses hommes qui, tirant à bout portant, forcèrent l'ennemi à lâcher pied. Le capitaine de Lisle plaça alors la compagnie de carabiniers à cet endroit ; puis, se portant rapidement dans un ravin, il tomba sur un poste ennemi d'une trentaine d'hommes, qu'il égorgea presque tous. Les soldats eurent le temps de dépouiller la plus grande partie des morts. Il emmena un sergent-major et un grenadier autrichiens, fort blessés tous deux, puis il se retira sans autre perte qu'un seul homme.

A partir du 8 septembre on souffrit énormément du feu des bombes ennemies. La brèche était assez large, de sorte qu'on craignait un assaut. Aussi prit-on la précaution de faire camper les troupes, qui étaient prêtes à toute éventualité. Le 12, le feu de l'ennemi se ralentit ; puis, le 13, on vit l'armée autrichienne quitter son camp et se retirer. Le premier siège de Prague était terminé.

C'était heureux pour les Français, car les vivres n'étaient plus nombreux et la poudre même commençait à manquer. Les troupes étaient cependant toujours vaillantes et ne demandaient qu'à se battre. Il est toutefois regrettable qu'à côté de tous les actes de courage qu'on peut citer, et qui honorèrent tant l'armée française, l'on ait eu à enregistrer aussi bien des faiblesses. Le nombre des déserteurs fut considérable, surtout dans les premiers temps. Enfin, ce qu'il y eut surtout de condamnable, ce fut la conduite de bien des officiers. Chez les grands chefs, ce n'étaient que rivalité et jalousie ; chez les officiers inférieurs, ce n'étaient que lassitude et répugnance à servir. Fatigués par cette campagne si loin de la France, dégoûtés d'une vie misérable et coûteuse, sans espoir aucun d'avancement, ils ne voulaient que le repos.

« Je n'oserais vous mander les particularités du mauvais état d'esprit des officiers, écrivait à ce sujet le maréchal de Belle-Isle : il est au delà de toute expression et fait honte à la nation. »

Opérations sur la haute Moldau.
Siège de Leitmeritz (octobre et novembre 1742).

Mais l'armée ennemie tout entière n'était pas partie. Il était resté autour de la ville de l'infanterie légère et de la cavalerie, qui continuaient à bloquer Prague et empêchaient les communications et le réapprovisionnement. Aussi le maréchal de Broglie chercha-t-il tout de suite à se donner de l'air.

Le 22 septembre 1742, il y eut une sortie générale dirigée contre le Grand-Parc à l'ouest de la ville, auquel s'appuyait autrefois le camp autrichien : de nombreux hussards et Croates l'occupaient encore. A 8 heures du matin, toute l'armée, y compris la brigade d'Anjou, fut rendue à la Chapelle-de-Piémont ; passant par la hauteur dite des Trois-Cents Chevaux, elle se dirigea vers le Parc, dont l'avant-garde s'empara après quelques coups de fusil seulement. Le soir on était rentré à Prague.

Quelques jours après, ce fut sur la rive droite de la Moldau que le maréchal résolut de rejeter au loin l'ennemi. M. de la Fare sortit de la ville le 24 septembre avec 5 brigades, dont Anjou, et 200 cavaliers. Il marcha sur Lieben et Prossik, d'où les Autrichiens furent chassés. Quant aux

Français, ils établirent leur camp sur les hauteurs situées entre Lieben et la montagne des Trois-Croix. Ces différentes expéditions permirent de faire rentrer des vivres dans Prague, si bien que la nourriture fut de nouveau assurée.

Mais, comme il était de première importance pour l'armée d'avoir ses libres communications avec la Saxe, notre alliée, de laquelle on pouvait faire venir tous les approvisionnements nécessaires, M. de la Fare partit le 29 septembre avec les brigades d'Anjou, d'Auvergne, de Navarre et cavalerie Colonel-Général, pour aller tenir tout le cours de la Moldau entre Melnick et la frontière saxonne. Il devait occuper le pays, couper les gués de la rivière et empêcher les troupes ennemies de passer d'une rive sur l'autre. Le régiment d'Anjou resta ainsi tout le mois d'octobre le long de l'Elbe, pour remplir cette mission.

Mais, au début de novembre, M. de Lobkowitz s'étant approché de Prague avec une armée autrichienne, M. de Belle-Isle, qui commandait depuis le départ du maréchal de Broglie, rappela toutes ses troupes auprès de lui. M. de la Fare revint donc vers Prague ; mais auparavant il jeta dans Leitmeritz, point de passage important sur l'Elbe vers l'embouchure de l'Eger, où l'on avait réuni des approvisionnements nombreux, le colonel d'Armentières avec le 2ᵉ bataillon d'Anjou, tous les grenadiers du régiment et des piquets de Languedoc et de La Fère : en tout 800 hommes. Le 1ᵉʳ bataillon revint au camp de Lieben le 7 novembre. Il y resta pendant presque tout le mois; puis, la saison étant devenue rigoureuse, il rentra dans Prague.

M. d'Armentières fut bloqué dans Leitmeritz par les hussards et les Croates dès le milieu du mois de novembre. Vers le 20, le lieutenant-général Wallis arriva devant la place avec 7 bataillons, 2.000 chevaux et du canon. Le siège commença aussitôt. Le rôle de la garnison était des plus difficiles, car il n'y avait que 800 hommes pour défendre une enceinte de 947 toises, et la ville avait des faubourgs qui permettaient d'avancer sans être vu jusqu'aux remparts.

Le 22 novembre, l'attaque commença et, à partir de ce moment, le feu fut continuel, aussi bien le jour que la nuit. Le 23, les Autrichiens canonnèrent l'église Saint-Laurent, dont les défenseurs les gênaient beaucoup. Enfin, dans la nuit du 24 au 25, ils entrèrent dans la ville par le faubourg de l'Evêché. Aussi le colonel d'Armentières, en présence de l'impossibilité où il était de se défendre plus longtemps, demanda-t-il à capituler.

Le 25, la garnison se rendait prisonnière : elle sortit le 26 de la ville par la porte Neuve, à 8 heures du matin. Après avoir défilé devant l'armée ennemie, elle déposa les armes et fut dirigée sur Brünn, en Moravie. Les officiers furent, bientôt après, mis en liberté sur parole. Quant à la troupe, elle ne fut échangée qu'à la fin d'avril 1743.

Abandon de Prague. Retraite sur Egra
(décembre 1742).

Le 1ᵉʳ bataillon d'Anjou, rentré à Prague, prit part aux sorties continuelles que le maréchal de Belle-Isle faisait exécuter à ses troupes, autant pour les tenir en haleine et rétablir la discipline que pour préparer la sortie générale qu'il organisait dans le plus grand secret. Mais, jugeant son armée composée d'unités trop faibles, il la réorganisa complètement. Au début de décembre, le bataillon d'Anjou, qui ne comptait plus que 257 officiers, sous-officiers et soldats valides, 30 malades dans les hôpitaux et 27 convalescents, fut réuni au régiment de Foix, fort de 286 officiers et soldats. Le bataillon ainsi constitué forma brigade avec Navarre, dont les 4 bataillons furent fondus en 2, et avec un troisième bataillon composé des restes des régiments d'Orléans et de Rosnyvinen. L'effectif total de la brigade de Navarre était de 2.247 hommes : M. de Rosnyvinen la commandait.

Enfin le maréchal de Belle-Isle, résolu à quitter Prague, donna ses ordres de départ. On commença par pourvoir les soldats de tout ce dont ils pouvaient avoir besoin. Le 16 décembre au matin, on distribua à chaque brigade 1.600 paires de souliers, 2.000 pierres à fusil et 20.000 cartouches. On fit le prêt pour quinze jours, on donna du pain et du biscuit pour six jours et du riz pour dix.

Puis, à 6 heures du soir, à la sonnerie de la retraite, l'infanterie prit les armes et sortit de la ville par la porte Charles, en passant par le grand pont de pierre. Les brigades du Roi, de la Marine et de Navarre, avec Anjou, se rassemblèrent entre la ville et la Chapelle-de-Piémont. On resta dans cette position toute la soirée. Enfin, à 1 heure du matin, les Français quittèrent la ville sous les murs de laquelle ils avaient tant lutté et tant souffert depuis six mois.

A 8 heures, on arriva à Gross-Jentsch, où était déjà la cavalerie. Le camp fut immédiatement formé, mais ce ne fut pas pour longtemps ; car, dans la journée, l'armée repartit, et la brigade de Navarre, ouvrant la marche par Braschkow, Gross-Dobra et Dockes, atteignit avant la nuit Tuchlowitz, où elle bivouaqua. Cette première journée de marche dans la neige, par un froid qui fit geler la Moldau, avait été extrêmement pénible. Aussi le maréchal de Belle-Isle décida-t-il de rester à Tuchlowitz la nuit du 17 au 18, et le 18 en entier.

Ce jour-là donc, à minuit, l'armée décampa et, traversant Wastrow, Rinholec et Buda, alla passer la nuit à Lischan : Anjou faisait l'arrière-garde. Le lendemain 20, à 11 heures du matin, on en partit pour Jechnitz, la brigade de Navarre en tête. On arriva dans cette localité une heure avant la nuit ; mais, pour tromper l'ennemi, on n'y resta pas, et ce fut à Stébenz qu'on alla dresser le camp. Comme la fatigue était très grande et que beaucoup d'hommes et de chevaux avaient succombé par suite du froid, le 21 décembre fut jour de repos.

Le 22, à 1 heure du matin, par un superbe clair de lune, l'armée se dirigea sur Lubentz en suivant la route de Carlsbad à Stébenz. Anjou marchait au centre de la colonne. Arrivé là, le maréchal de Belle-Isle fit quitter à ses troupes la plaine et, s'engageant dans la vallée de la Stréla, au milieu d'un pays montagneux tellement effroyable qu'il aurait été impossible de croire qu'on pût songer à y faire passer une armée, on atteignit Luditz après vingt-quatre heures de marche. L'ennemi étant assez éloigné et les troupes n'en pouvant plus, on y cantonna.

Le 23, à 11 heures du matin, on repartit, et ce ne fut encore qu'après douze heures de marche qu'on atteignit Thensing. Le 24, à 11 heures du matin, nouveau départ, et par Petschau, Frohnau, Ebmett et Goddorf l'armée gagna Einsidel. Anjou, qui avec la brigade de Navarre avait formé l'arrière-garde, fut cantonné à Raukowitz.

L'armée séjourna le 25, jour de Noël. Le maréchal de Belle-Isle en profita pour faire donner la paye aux soldats et leur distribuer du pain, de la viande, du riz et de l'eau-de-vie. Le 25, à minuit, on quitta les cantonnements et, à 3 heures de l'après-midi, on était à Unter-Sandan. Ce fut la journée la plus terrible de la retraite : on eut à passer par la montagne de Königswarth, d'où l'on descendit par un chemin de précipices qui eût été impraticable sans la neige qui en adoucissait l'escarpement. Navarre, et avec lui Anjou, cantonna à Königswarth. Enfin, le 27 fut le dernier jour de la retraite : le maréchal de Belle-Isle arriva à Egra et Anjou fut cantonné à Trennitz.

Pendant ces dix jours de marche, l'armée eut à souffrir tout ce qu'il est humainement possible de supporter.
Le froid était intolérable, le brouillard épais, le sol couvert de verglas; mais les soldats étaient tellement heureux de se diriger vers la France qu'ils eurent la force
de marcher jusqu'au bout. Ce ne fut du reste pas sans des
pertes sérieuses : plus d'un millier d'hommes restèrent
morts de froid en chemin, et nombreux furent ceux qui
arrivèrent à Egra avec une partie du corps gelée.

Malgré l'héroïsme du maréchal de Belle-Isle, on eut à
regretter encore bien des désordres. Là, comme à Prague,
certains officiers étaient loin de payer d'exemple : ils
ne prenaient aucun soin de tenir leurs troupes en ordre,
et beaucoup s'écartaient de la colonne pour aller dans
des maisons chercher des vivres et un abri contre le
froid.

En quittant Prague, le bataillon d'Anjou y avait laissé
3 capitaines, MM. de Bennau, de Palonnière et de Pigny,
puis 30 hommes malades à l'hôpital, 27 malades à la
chambre, enfin tous les bagages avec les domestiques
des officiers, au nombre d'une centaine. Ils furent compris dans la capitulation signée entre M. de Chevert et
le prince de Lobkowitz. Tous ceux qui purent être trans-
portés furent dirigés sur Egra par Beraun, Mauth,
Pilsen, Mies, Plan et Sandau : ils rejoignirent leurs camarades le 15 janvier. Les autres restèrent à l'hôpital
et furent faits prisonniers de guerre.

Retour de l'armée en France au printemps 1743. Réorganisation du régiment d'Anjou.

En arrivant à Egra, le 1er bataillon d'Anjou y retrouva
son lieutenant-colonel, M. de Rivery qui, on le sait déjà,
y commandait un détachement de 450 hommes apparte-

nant à plusieurs régiments. Le maréchal de Belle-Isle les renvoya dans leurs corps respectifs et le lieutenant-colonel de Rivery revint se mettre à la tête de ce qui restait du bataillon. Mais, les troupes étant épuisées et absolument incapables de rendre le moindre service à la cause du roi avant plusieurs mois, on résolut de les ramener en France.

Le 3 janvier, le détachement d'Anjou se remit en marche, se dirigeant sur Amberg, où il arriva le 6. Il faisait toujours partie de la division de Navarre, commandée par le lieutenant-général marquis de la Fare. Après avoir passé une quinzaine de jours dans cette ville, il la quitta, gagna Nuremberg, alla traverser le Neckar à Heilbronn, et le Rhin à Spire le 23 février 1743, traversant ainsi toute l'Allemagne méridionale. Il fut ensuite immédiatement dirigé sur Landau, où le régiment devait être réorganisé. Il ne comptait plus alors que 250 officiers, sous-officiers et soldats : à peu près autant étaient prisonniers en Moravie. Tout le reste du beau régiment qui avait passé le Rhin en août 1741 était ou tombé sous le feu de l'ennemi, ou mort de froid, de fatigues et de privations.

Le colonel d'Armentières ayant été nommé maréchal de camp le 20 février, ce fut le nouveau colonel, M. de Rochechouart-Faudoas, qui fut chargé de la réorganisation. Pour porter le régiment à son effectif régulier il fallait trouver près d'un millier d'hommes. On chercha d'abord à lever des recrues. D'Egra et d'Amberg un certain nombre d'officiers, devançant leurs camarades, furent envoyés en France pour en trouver.

Mais, seule, une pareille ressource n'aurait jamais suffi. Aussi s'occupa-t-on de demander au roi d'accorder des milices au régiment. Le maréchal de Noailles écrivit à ce sujet, le 29 avril 1743, au comte d'Argenson, ministre de la guerre, une lettre dont on peut extraire le passage suivant ; il donne une haute idée de l'opinion qu'on avait alors du régiment d'Anjou :

« Je profite, pour avoir l'honneur de vous écrire, Monsieur, du départ d'un officier du régiment d'Anjou qui est encore prisonnier, et qui part en poste pour aller travailler à faire des recrues pour le régiment. Je vous fais, Monsieur, les plus importantes représentations au sujet du régiment de la Marine et de celui d'Anjou pour obtenir des milices pour ces deux régiments. Je ne vous dis rien du régiment d'Anjou, mais je désire infiniment de l'avoir dans l'armée. Il y en a peu sur lesquels on puisse plus compter pour un jour d'affaire. On a nouvelle qu'il lui revient plus de 300 prisonniers, au nombre desquels sont les grenadiers. Et si vous avez la bonté de nous envoyer des milices, ce régiment sera en état de servir au mois de juin, et sera des plus forts. Vous sentez mieux que personne combien il est essentiel de rétablir promptement nos vieilles phalanges, et que, suivant les apparences, nous en aurons besoin. »

Le comte d'Argenson répondit le 8 mai :

« A l'égard du régiment d'Anjou, j'exécuterai l'ordre du Roi en lui faisant fournir 10 hommes de milice par compagnie, ce qui fera 160 hommes par bataillon ; lorsqu'au moyen de ce secours les bataillons de ce régiment seront portés aux environs de 600, j'en userai de même à l'égard des autres régiments venus de Prague. »

Anjou arriva rapidement ainsi, grâce aux recrues et aux milices, à un effectif assez considérable. On se mit du reste de suite au travail pour instruire les jeunes soldats et leur permettre de pouvoir affronter l'ennemi le plus tôt possible.

Ce qui restait des grenadiers et du 2ᵉ bataillon, en tout 226 hommes, fut échangé en mars. Sous la conduite

des capitaines des Rives et Bosanquet, et d'un lieutenant, ils arrivèrent le 2 mai à Amberg, venant de Moravie. Ils se dirigèrent ensuite sur Donauwerth, qu'ils attei-
gnirent le 14. Mais, là, le maréchal de Broglie, manquant
d'hommes, les arrêta et les employa au service de la
place. Au début de juin seulement, il les laissa continuer
leur route et gagner Landau. Le régiment d'Anjou, enfin
définitivement reconstitué, fut alors désigné pour aller
servir dans les Alpes.

Une campagne aussi longue et aussi difficile ne pouvait pas se terminer sans que Louis XV songeât à accorder des marques de satisfaction aux officiers qui s'y
étaient le plus distingués. C'est en effet ce qui eut lieu.

Les capitaines de Saint-Martial, de Palonière et de
Vilhac reçurent la croix de Saint-Louis; les capitaines
de Favols et de la Proutière eurent une gratification; enfin
le major, M. de Stuard, se vit donner une pension.

Plus tard encore nous verrons accorder une gratification de 400 livres au capitaine des Rives, autant pour
sa belle conduite dans la sortie du 19 août, sous Prague,
que pour avoir ramené à ses frais 236 prisonniers du
régiment depuis Olmütz en Moravie jusqu'à Landau.

CHAPITRE II

Campagnes dans les Alpes (1743-1744).

———

Tentative de pénétration en Piémont par la vallée de la Vraïka. Combat de Pont (automne 1743).

Quand le régiment d'Anjou fut complètement reconstitué, il quitta Landau vers la fin de juin 1743 et, traversant l'Alsace et la Franche-Comté, se rendit à Vienne, sur le Rhône.

Les troupes que Louis XV rassemblait alors le long des Alpes avaient pour mission de soutenir l'armée que l'infant don Philippe, second fils de Philippe V, avait amenée d'Espagne en Provence par le Midi de la France, afin de passer en Italie et de conquérir la Lombardie. Mais, arrêté à la frontière piémontaise par le roi de Sardaigne, allié de Marie-Thérèse, il se préparait à combattre.

Aussi le régiment d'Anjou quitta-t-il Vienne le 26 août, et ses deux bataillons se suivant à deux journées de marche, gagna-t-il par Romans, Die, Gap, Embrun et Gillestre le camp de la Bessée, sur la Durance, entre Briançon et Montdauphin.

C'est là que devaient se réunir les 14 bataillons, commandés par le lieutenant-général de Marcieu, que le roi Louis XV mettait à la disposition de l'infant d'Espagne. Ce camp était établi sur une seule ligne le long de la Durance, à cheval sur la grande route de Briançon à Montdauphin.

Malgré la saison déjà avancée, l'état-major espagnol,

dont le plan était d'atteindre Saluces par la vallée de la Vraïta, résolut de prendre l'offensive.

Anjou, arrivé à la Bessée le 7 septembre, s'ébranla avec toute la division le 28. On descendit la vallée de la Durance et, le soir même, on arriva à Gillestre, vers le confluent de cette rivière avec le Guil. Le 29, on remonta le Guil, puis le Cristillan, et on atteignit Ceillac. Le 30, passant par le col du Fromage, le petit corps français rejoignit l'armée espagnole à la Chalperoude, dans la haute vallée de l'Aigue-Blanche.

Le 1er octobre, l'ordre est donné de franchir les Alpes. Le régiment d'Anjou faisait partie d'un corps de 29 bataillons devant se rendre dans la vallée de la Vraïta par le col de Saint-Véran. Parti le 2 de la Chalpéroude, on campa le soir au col même. Le 4, on rejoignit à la Chenal le reste de l'armée espagnole, qui était passée par le col d'Agnello.

Les troupes alliées étaient maintenant en présence du roi de Sardaigne, qui barrait la vallée de la Vraïta en avant de Château-Dauphin : il avait fait construire une formidable ligne de retranchements, dont le centre était au château de Pont et dont la droite, appuyée au mont Viso, couronnait les hauteurs en arrière du ruisseau de Vallante.

Pendant que l'armée allait attaquer de front par la vallée de la Vraïta, la brigade d'Anjou (2 bataillons Anjou, 1 bataillon Beauce, 1 bataillon Ségur), ainsi que 800 Espagnols et 12 pièces de canon, sous les ordres du lieutenant-général espagnol de Corvolan, fut chargée d'aller attaquer la droite des retranchements piémontais sur la rive gauche du ruisseau de Vallante : c'était M. de Bourcet, ingénieur, qui devait conduire la colonne.

La brigade d'Anjou quitta donc, le 7 octobre au matin, le camp de la Chenal et, faisant un long détour vers le nord à travers un pays affreux, se rendit par le val de Soustras dans le val de Vallante : elle arriva le 8, vers 10 heures du matin, dans un endroit nommé le Ristolas.

La troupe fut mise en bataille dans un pré, face à l'ennemi : mais M. de Corvolan, trouvant les retranchements
piémontais inabordables à cause du terrain, en envoya

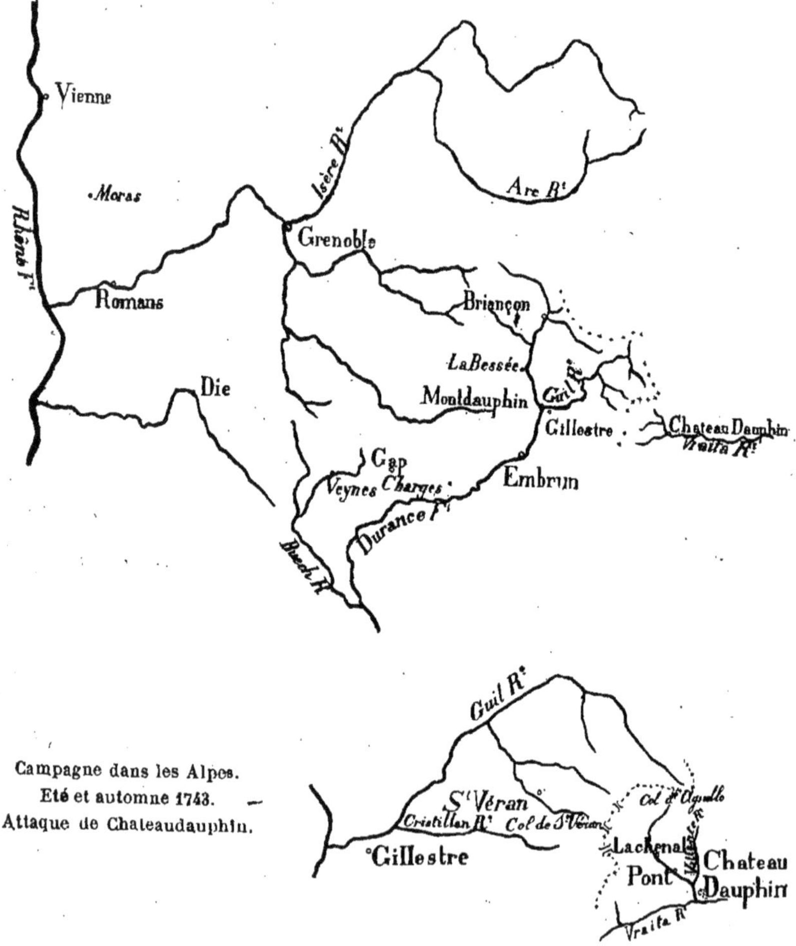

Campagne dans les Alpes.
Eté et automne 1743. —
Attaque de Chateaudauphin.

avertir le marquis de Las-Minas, capitaine-général de
l'armée espagnole.

Pendant ce temps, les troupes alliées s'étaient emparées
du château de Pont et le marquis de Las Minas, croyant

à un succès total et à la retraite de l'armée piémontaise, envoya l'ordre à M. de Corvolan de venir le rejoindre en descendant le val de Vallante.

Ce général, qui voyait toujours les Piémontais en face de lui, crut un accord conclu entre le roi de Sardaigne et l'Infant. Vers 2 heures, il mit en mouvement ses Espagnols et la brigade d'Anjou : tambours battant, on descendit dans le fond de la vallée.

A cette vue, les ennemis garnirent leurs retranchements et se mirent à fusiller les Français. Les troupes, surprises et hors d'état, à cause de leur position, de résister avec avantage, doublèrent le pas, et finalement, pour éviter le danger, prirent la course dans le plus grand désordre. Les deux bataillons d'Anjou firent meilleure contenance que les autres : ils se mirent en bataille plusieurs fois par un à-gauche et firent des décharges sur les Piémontais.

On n'en fut pas moins forcé d'enclouer et de précipiter dans le torrent les 12 pièces de canon ; puis, prenant un chemin sur la droite, le régiment gagna un endroit moins exposé. Sa retraite fut protégée par les piquets des brigades de Vigier et du Perche, envoyées à son secours par le chevalier de Courten.

Tous les autres régiments, y compris Ségur et Beauce, continuèrent leur route par le bas, fuyant à toutes jambes dans une confusion extrême, traînant leurs drapeaux jusqu'à Pont.

Ce combat dura près de quatre heures et l'armée franco-espagnole y perdit environ 400 hommes.

Le régiment d'Anjou eut dans cette affaire 13 soldats tués et 26 blessés, dont 3 officiers : MM. de la Boulaye, de Beaucemaine et le major de Rochechouart-Faudoas, frère du colonel, qui eut le bras cassé.

Cet échec de la brigade d'Anjou arrêta la marche en avant. La neige, qui se mit à tomber les jours suivants, décida l'Infant à rentrer en France. Cette retraite fut désastreuse : les vivres manquaient presque complètement, le froid était terrible.

Le 10 octobre, on retourna à la Chenal, où on resta le 11. Le 12, Anjou en partit deux heures avant le jour avec le corps français, repassa le col de Saint-Véran et alla camper à Saint-Véran même. On y resta jusqu'au 17. A cette époque, le corps de M. de Marcieu ayant été dissous, le régiment d'Anjou alla camper sous Embrun. Le 30 octobre, il quitta cette ville pour se rendre à Grenoble prendre ses quartiers d'hiver.

Conquête du comté de Nice.
Prise des retranchements du mont Gros (printemps 1744).

L'année 1743 s'était terminée par un échec tel que Louis XV résolut de renforcer considérablement, pour la campagne suivante, l'effectif des troupes mises à la disposition de l'Infant d'Espagne, et ce fut le prince de Conti qui vint en prendre le commandement. On résolut de conquérir d'abord le comté de Nice ; puis, cela fait, de se rendre en Italie par un passage des Alpes ou des Apennins.

Aussi, dès la fin de l'hiver, les troupes furent-elles dirigées sur la Provence. Au début de février 1844, le régiment d'Anjou quitta Grenoble et, passant par les vallées du Drac et de la Durance, se rendit par Sisteron à Digne, où il arriva au milieu du mois. Il se dirigea ensuite vers Grasse, où, vers le 15 mars, toute l'armée franco-espagnole était réunie.

Les régiments de Vivarais et de Tournaisis, de 1 bataillon chacun, furent désignés pour former brigade avec lui, aux ordres de M. de Rochechouart-Faudoas.

L'armée du roi de Sardaigne, qui défendait le comté de Nice, était répartie derrière le Paillon, entre Luceram et la mer. Le 26 mars, Anjou quitta ses cantonnements de

Grasse et se porta à Villeneuve-sur-le-Loup, où il resta jusqu'au 31.

Le prince de Conti, ayant alors pris la décision de traverser le Var, donna aussitôt ses ordres en conséquence. Les deux compagnies de grenadiers d'Anjou se dirigèrent sur le camp de Cagnes, où tous ceux de l'armée, aux ordres de M. du Châtel, étaient réunis. Le 31, à 9 heures du soir, ce corps fut dirigé sur les bords du Var, en avant de Saint-Laurent.

A peu près à la même heure, la brigade d'Anjou prit les armes et, dirigée par M. du Cayla, se rendit, par une pluie battante, au gué de Saint-Isidore, où elle arriva à l'aube.

Les avant-gardes ayant repoussé facilement les postes avancés de l'ennemi, le prince de Conti donna l'ordre de passer sur l'autre rive, ce que fit tout de suite la brigade. Elle alla s'établir sur un plateau, à droite du ravin de Saint-Isidore, avec devant elle un autre ravin escarpé et inabordable. Elle y resta toute la journée et toute la nuit, protégeant la construction des ponts qui permirent à l'armée de traverser le Var le 2 avril.

Les 3 et 4, on resta au camp de Saint-Jean pendant que l'état-major allait reconnaître les positions du mont Gros, occupées par les Piémontais. Le 5, à midi, on décampa, et Anjou dressa ses tentes sur les hauteurs en avant de la vallée de Saint-Jean, séparé seulement de l'ennemi par le Paillon.

Les préparatifs pour l'attaque durèrent jusqu'au 13. Ce jour-là, le régiment prit les armes à 6 heures du soir. Il faisait partie de la colonne de MM. de Danois et de Villemur, qui se réunit à l'Abadie, avec la mission d'aller attaquer le mont Gros. Cette colonne se composait de 6 bataillons espagnols (2 bataillons Tolledo, 2 bataillons Savoya, 2 bataillons Espagna) et de 5 bataillons français (2 bataillons Anjou, 1 bataillon Périgord, 1 bataillon Isle-de France, 1 bataillon Blaisois). Chacun de ces bataillons commença par détacher sa compagnie de grenadiers et un piquet pour former l'avant-garde aux ordres de M. de Villemur. Mais, à peine cette avant-garde eut-elle fini de passer à gué le Paillon, qu'éclata un orage terrible qui fit grossir le torrent à tel point qu'il fut impossible à M. de Danois de passer avec sa colonne.

M. de Villemur resta vingt-quatre heures coupé de l'armée et sans communication avec elle, fort heureux de ne pas être écrasé et rejeté dans la rivière par les Piémontais.

Six jours après, l'attaque recommença. Le 19, à 6 heures du soir, la colonne de M. de Danois reprit les armes et, précédée de 100 fusiliers de montagne, quitta l'Abadie pour aller, dans la nuit, franchir le Paillon à l'embouchure du ravin de Saint-André.

A 3 heures du matin, le signal de l'attaque ayant été donné par trois fusées, la colonne se mit à gravir le flanc gauche du ravin de Malgarach, pour gagner le col des Quatre-Chemins et attaquer les retranchements du mont Vinaigrier. Malheureusement M. de Danois se trompa de chemin et alla donner dans la colonne de droite du détachement de M. de Castellar. Il n'en coopéra pas moins énergiquement à l'attaque des retranchements piémontais, qu'il attaqua six fois de suite; mais chaque fois ses troupes furent repoussées par la fusillade et la mitraille de la batterie du col des Quatre-Chemins, qui tirait avec une rapidité et un succès tels, nous dit un témoin oculaire, que cela ne s'était jamais vu.

L'ennemi fit plusieurs fois semblant de se rendre, de sorte que, les Français étant entrés dans les retranchements des Piémontais, ceux-ci purent les égorger tout à leur aise.

Enfin, à 10 heures et demie, le prince de Conti, voyant le combat durer sans résultat depuis huit heures, donna l'ordre de la retraite.

A 1 heure de l'après-midi, toutes les troupes étaient rentrées dans leurs camps.

Les pertes avaient été cruelles : M. le capitaine de Gra-

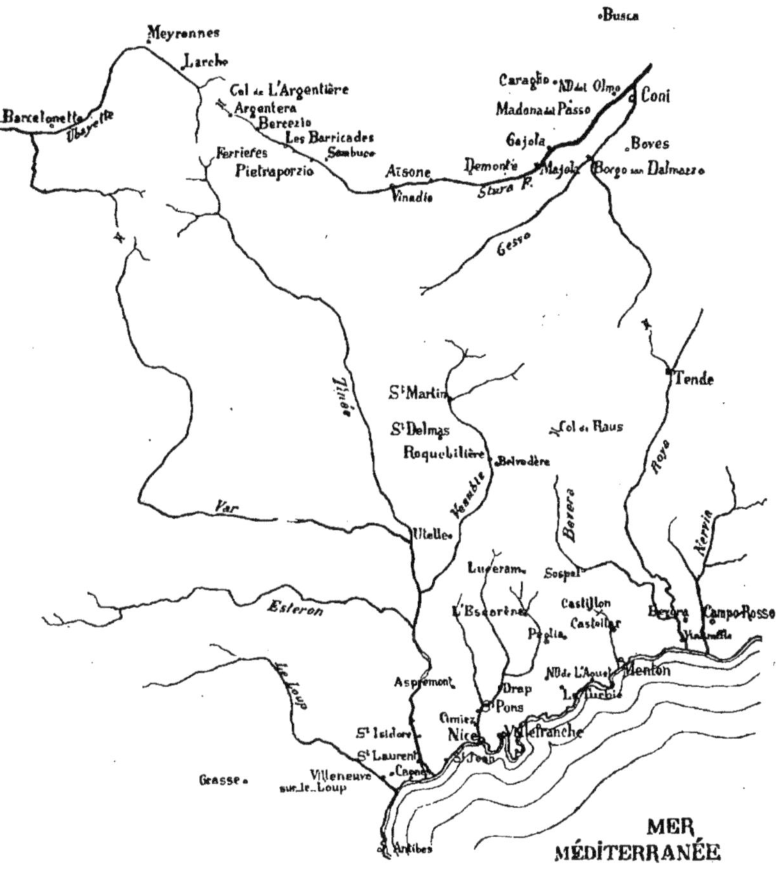

veron, 1 sergent et 10 hommes du régiment avaient été tués ; le capitaine de Lisle de Noé et 42 hommes avaient été blessés. Un lieutenant enfin, M. Boisseau, était prisonnier.

On s'apprêtait à recommencer la lutte quand on apprit

par des déserteurs que les Piémontais s'étaient rembarqués.

Anjou resta dans les environs de Villefranche jusqu'au début de mai ; puis, une fois les Franco-Espagnols maîtres du comté de Nice, le prince de Conti fit cantonner ses troupes. Le régiment fut dirigé sur Lescarène, où il arriva le 4 mai. Il y resta jusqu'à la fin du mois. A cette époque, il fut envoyé à Sospello pour protéger la marche des Espagnols le long de la côte dans la direction d'Oneille.

Entrée de l'armée en Piémont. Prise des barricades de la Stura. Marche sur Coni (juillet et août).

Dans les derniers jours du mois de juin 1744, le prince de Conti étant enfin parvenu à faire partager à l'état-major espagnol son plan de pénétrer en Piémont par la vallée de la Stura, l'armée quitta le comté de Nice et remonta vers le Nord.

La brigade d'Anjou (2 bataillons Anjou, 1 bataillon Beauce, 1 bataillon Blaisois) se dirigea sur Utelle, où M. de Villemur en prit le commandement. Le 29 juin remontant la vallée du Var, elle se rendit à Barcelonnette.

En face des Français, les Piémontais occupaient, dans la vallée de la Stura, la position formidablement retranchée des Barricades. Le prince de Conti résolut de les attaquer de front, pendant qu'il les ferait tourner sur les flancs. Le corps de M. de Villemur (brigade d'Anjou et des Gardes-Lorraines) devait agir sur la droite de l'armée franco-espagnole.

Le régiment, quittant Barcelonnette, se rendit le 11 juillet à Meyronas, et le 12 au col de l'Argentière, où il séjourna jusqu'au 15. Le 16, il alla camper au village d'Argentera. Le 17, il se rendit à Ferrières par le col du Plan, et, se portant au-dessus de Lobbière-Haute par le col de Becco-Rosso, acheva l'enveloppement de la position des Barricades. En présence de ces attaques convergentes, le roi de Sardaigne dut reculer : Anjou n'avait pas eu à tirer un coup de fusil.

Ce succès une fois obtenu, le prince de Conti rassembla son armée pour descendre le cours de la Stura et marcher sur Coni, dont on voulait faire le siège. Le régiment d'Anjou était le 20 juillet à Pietraporzio, le 21 à Sambuco, et le 25 au camp de Vinay, en avant de Vinadio.

Le 31, l'armée arriva à Fedio, en avant d'Aïsone, face à la forteresse de Demonte, qui barrait la vallée de la Stura. On l'investit aussitôt. Anjou, avec 10 bataillons, fut chargé de couvrir le corps de siège vers le nord : il était campé sur la hauteur de Notre-Dame-de-Laupin. Il y resta jusqu'au 8 août.

A cette époque, les Piémontais étant venus occuper le col de Valloria et les hauteurs de la montagne de Chapiera, d'où ils pouvaient prendre une position gênant l'investissement de Demonte, M. de Senneterre fut chargé d'aller les en déloger. Il prit avec lui la brigade d'Anjou, qui les tourna par la gauche pendant que les Gardes-Lorraines allaient les attaquer de front. Les Piémontais se replièrent et les Français les poursuivirent avec entrain : ils firent une trentaine de prisonniers. Etant donnée l'importance de la position, les deux brigades y campèrent le 8 au soir.

Le 13, sans attendre la chute de Demonte, on reprit la marche sur Coni. Anjou faisait partie de la colonne descendant la rive gauche de la Stura.

Le 14, on campa le long du fleuve, le régiment à mi-chemin entre Gajola et Borgo-di-Dalmazzo.

Le roi de Sardaigne s'étant alors porté sur le flanc gauche de l'armée, à Busca, on marcha contre lui. Le 21, on leva le camp de Gajola pour aller camper à Vignolo, puis à Caraglio le 22. L'ennemi n'ayant pas accepté la bataille et s'étant retiré sur Saluces, l'armée alliée marcha droit sur Coni. Le 30 août, elle était à Madona-del-Passo.

Siège de Coni. Bataille de Notre-Dame-de-l'Olmo. Rentrée en France (septembre, octobre, novembre 1744).

L'armée franco-espagnole resta autour de Madona-del-Passo jusqu'au 2 septembre : à cette époque les troupes allèrent prendre leur position de siège. Anjou dressa son camp sur la rive gauche de la Stura, face à Busca, entre les régiments de Quercy et de Lyonnais. Le siège commença aussitôt, et tout le mois de septembre se passa à faire les travaux d'approche.

Mais le roi de Sardaigne ne pouvait pas abandonner ainsi sans lui porter secours une place de cette importance : vers la fin de septembre, on apprit qu'il arrivait pour la débloquer

L'armée alliée se prépara à le repousser. Le régiment d'Anjou quitta son camp dans la nuit du 29 au 30 et alla s'établir à l'extrême gauche de la ligne, dans une grosse cassine, à mi-chemin à peu près entre Madona-del-Passo et Notre-Dame-de-l'Olmo. On lui avait adjoint 3 pièces de canon. Sa mission était de soutenir l'aile gauche, entièrement composée de la cavalerie des deux nations. Les troupes, bien qu'ayant beaucoup souffert les temps derniers, étaient pleines d'enthousiasme.

Le 30 septembre au matin, l'armée piémontaise vint attaquer. On se battit toute la journée, mais surtout à droite. La cavalerie eut peu à faire. Anjou reçut seulement quelques coups de canon qui ne lui firent pas grand mal. Il n'y eut qu'un seul blessé : le lieutenant de Kaillot. L'ennemi se retira le soir.

Mais, bien que victorieuses, les troupes franco-espagnoles n'en étaient pas moins dans une situation assez cri-

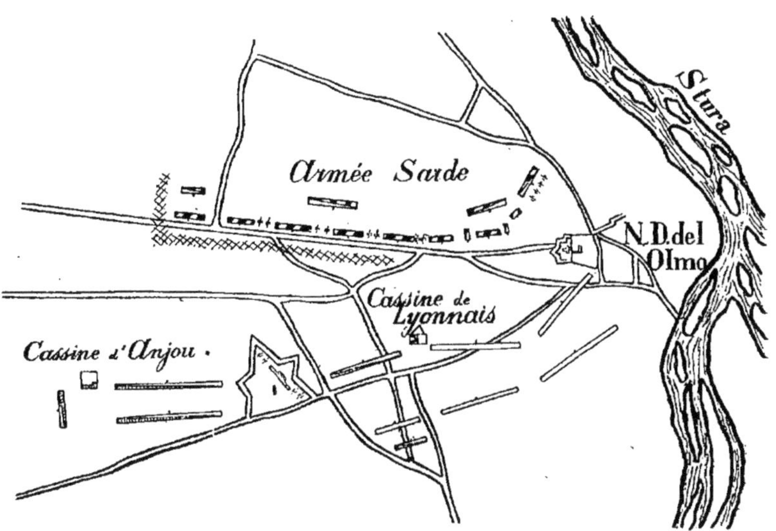

Bataille de N.-D. de l'Olmo, 30 septembre 1744.

Bataille de Bassigana, 27 septembre 1745.

tique. La Stura, ayant grossi, avait emporté les ponts et séparé l'armée en deux. Les vivres commençaient à manquer. Enfin les paysans piémontais, soulevés, harcelaient les troupes en arrière et menaçaient de couper les communications avec la France. Tous les convois et détachements étaient attaqués.

C'est ainsi que M. de Stuard, major, ayant été placé avec 500 hommes d'Anjou à Boves, pour établir la communication avec Demonte, fut séparé de l'armée par une crue subite de la Gesse. Le 5 octobre au soir, 4.000 paysans piémontais se jetèrent sur lui et l'enlevèrent. Beaucoup des malheureux soldats de son détachement périrent vraisemblablement dans les supplices.

En présence de toutes ces difficultés, le prince de Conti et l'Infant résolurent de battre en retraite. Le 22 octobre, Anjou quitta son camp et s'installa avec toute l'infanterie française à Majola. Le 23, on arriva à Demonte. Malgré les pluies torrentielles qui tombaient continuellement, cette retraite fut un modèle de bon ordre.

Ne sachant pas si on n'allait pas limiter là la marche en arrière, on travailla à mettre la forteresse en état de résister au roi de Sardaigne, qui suivait l'armée de près. On éleva à la hâte une ligne de retranchements à l'ouest de la ville, et les troupes s'installèrent derrière. Anjou était campé en seconde ligne.

Mais, le 14 novembre, l'ordre ayant été donné de continuer la retraite, on fit sauter les murailles et les retranchements, puis on partit. Le 15, on était à Sambuco. On en repartit après quelques heures de repos seulement, et on alla passer la nuit à Bercezio. Le 16, on s'arrêta au village d'Argentera ; le 17, on rentrait en France et on campait à Larche. Anjou y resta jusqu'au 26 novembre, époque à laquelle il se rendit à Briançon pour y passer l'hiver.

CHAPITRE III

Campagnes en Italie (1745-1746).

**L'armée franco-espagnole en Piémont. Siège de Tortone.
Bataille de Bassignana (été 1745).**

Au printemps de l'année 1745, les cours de Versailles
et de Madrid résolurent de frapper un grand coup et de
porter la guerre au cœur même de l'Italie. En conséquence l'armée française fut renforcée à 50 bataillons
et 35 escadrons, et le maréchal de Maillebois eut l'honneur d'être chargé de la conduire dans les plaines du
Pô par les côtes de la Méditerranée.

Ce plan nous était facilité par l'alliance de la Répu-
blique de Gênes, qui avait levé des troupes, commandées
par le lieutenant-général espagnol de Gages.

Le régiment d'Anjou quitta ses cantonnements d'hiver
au début de mai et se dirigea sur Nice. Le 28, toute l'armée y était rassemblée. Immédiatement le maréchal de
Maillebois la porta en avant le long du littoral. La 3ᵉ
division, commandée par le marquis de Grammont et
dont faisait partie le régiment d'Anjou ainsi que les bataillons de Beauce et d'Agénois, quitta Nice le 4 juin au
matin.

Elle passa par la Turbie, Menton, puis s'engagea sur
le passage de la Corniche. Bordée d'un côté par des ro-
chers à pic, de l'autre sur la mer, offrant, pendant plusieurs lieues, tout juste la largeur nécessaire pour passer,

la route forçait à cet endroit les troupes à s'allonger, et permettait à l'escadre anglaise de les canonner à son aise.

Ce mauvais pas une fois traversé sans encombre, le régiment gagna successivement Bordighiera, San-Remo, Riva-di-Taglia, Onéglia, Castel-d'Andorre et Albenga, où il arriva le 13 juin. Il alla ensuite dresser son camp à San-Giacomo, en avant de Finale.

Quand toute l'armée fut arrivée, elle fit face au nord pour traverser les Apennins. La brigade d'Anjou, avec 2 pièces de canon, aux ordres de MM. de Brun et de Saulx, quitta Finale le 29 juin, passa par Carbua et, le 30, campa au sommet de la chaîne à Madona-delle-Nave.

Le 1er juillet, elle gagna Carcare, rassemblement général de l'armée. Elle y resta jusqu'au 6, époque à laquelle on se mit à descendre la vallée de la Bormida. Anjou était le soir à Dego, le 8 à Sprigno et le 10 à Bestagno.

La ville d'Acqui une fois prise, l'armée s'y transporta le 12 et y resta jusqu'au 18. Le 19, on alla camper à Castelnovo-di-Bormida, le 20 à Sezello, et enfin, le 23 juillet, l'armée franco-espagnole rejoignit les troupes génoises de M. de Gages à Fregarolo.

Les généraux résolurent alors d'assiéger Tortone, et ce fut le corps de M. de Gages qui en fut chargé. Mais, comme il était trop faible, 3 bataillons français, dont les 2 d'Anjou, furent désignés pour le renforcer. En conséquence, le régiment, qui, le 5 août, avait quitté Fregarolo pour Comiento, fut dirigé, le 8, sur Tortone.

Les travaux d'approche contre l'enceinte commencèrent le 10 et la ville se rendit le 14. Les deux bataillons de la garnison se réfugièrent dans le château. Les batteries, achevées le 25 août, commencèrent à tirer sans retard et, le 3 septembre, le gouverneur signa la capitulation. Anjou regagna immédiatement l'armée alliée, qui, campée à San-Giuliano, couvrait le corps de siège.

Le siège de Tortone terminé, le maréchal de Maillebois et l'Infant décidèrent d'aller attaquer l'armée austro-sarde, campée derrière le Tanaro, vers Bassignana. Le 17 septembre, les troupes quittèrent leur camp de San-

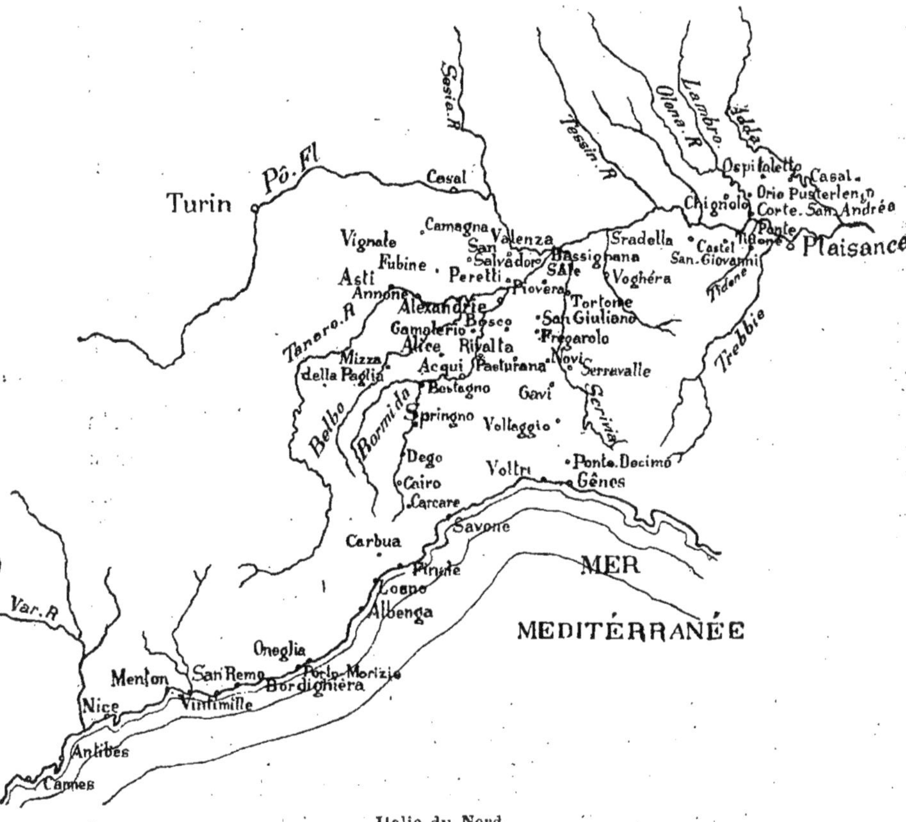

Italie du Nord.

Giuliano pour aller se porter à Castelnovo-di-Scrivia : elles y restèrent jusqu'au 26. Ce jour-là, à 5 heures du soir, l'armée prit les armes et, laissant son camp tendu, se rapprocha du Tanaro à la faveur de la nuit pour attaquer au petit jour.

Les Franco-Espagnols avaient été partagés en cinq colonnes. La quatrième, commandée par le lieutenant-général de Senneterre, comprenait la brigade d'Anjou et le régiment de Dauphin-Cavalerie. Cette colonne avait pour mission de faire une fausse attaque sur Monte-Castello, afin d'immobiliser une partie des troupes sardes et, au besoin, de soutenir la troisième colonne, commandée par M. de Montal.

Tout se passa comme il avait été fixé : malheureusement, M. de Gages ayant perdu du temps, on fut obligé de l'attendre et de n'attaquer qu'au jour.

« Notre attaque fut exécutée avec un entrain admirable ; nos troupes s'avancèrent en ligne et dans le plus bel ordre sur les bords du Tanaro ; puis, formant leurs colonnes, franchirent avec résolution le fleuve, malgré un feu terrible de l'ennemi, et nos soldats ayant de l'eau jusqu'à la ceinture. Arrivés sur la rive opposée, et sans perdre un instant, ils s'élancèrent sur les Piémontais étonnés et marchèrent au pas de charge droit devant eux, enlevant tous les obstacles qu'ils rencontraient sur leur passage, culbutant l'une sur l'autre les lignes ennemies et les rejetant sur notre extrême droite du côté du Pô, où les reçurent les cavaliers espagnols et notamment les carabiniers royaux. » (Général Pajol.)

Anjou n'eut qu'un soldat blessé. Le 27 au soir, l'armée coucha sur le champ de bataille; puis, le lendemain, elle se rendit à Rivarone et, le 30 septembre, on alla camper à Peretti.

Sièges d'Alexandrie et de Casal.
Prise des quartiers d'hiver. Organisation du 3e bataillon d'Anjou (automne 1745).

La brigade d'Anjou (2 bataillons Anjou, 1 bataillon Isle-de-France, 1 bataillon Beauce) fut ensuite dirigée, ainsi que le régiment de Provence, sur Alexandrie, dont le siège avait été résolu. A l'ouverture de la tranchée, qui eut lieu dans la nuit du 6 au 7 octobre, un soldat du régiment fut tué. La ville se rendit le 12. Le régiment d'Anjou, redevenu libre, se porta alors à Monte, où se trouvait M. de Grammont avec ses dragons. Il y resta pendant tout le reste du mois, tout en continuant à détacher 50 hommes pour la garnison de Tortone.

Au début de novembre, Anjou fut désigné pour aller faire le siège du château de Casal. Le 3, il quitta Monte pour se rendre à Lazarone, où il rejoignit la brigade espagnole Africa : il se dirigea alors avec elle vers Casal. Le siège commença le 6, dirigé par M. de Senneterre. La tranchée fut ouverte dans la nuit du 22 au 23 novembre et les assiégés battirent la chamade le 29. Le régiment d'Anjou y perdit 1 homme tué et 10 blessés.

Cela fait, on songea à prendre les quartiers d'hiver. Le temps était devenu très mauvais, et l'armée avait besoin de repos. C'est à Casal même qu'Anjou fut placé, avec 6 autres bataillons des régiments de Poitou, de la Reine et de Beauce, sous les ordres du lieutenant-général de Senneterre.

Pour achever d'étudier complètement l'histoire du régiment d'Anjou pendant l'année 1745, il reste à mentionner une ordonnance royale du 25 août, qui décidait la formation d'un 3e bataillon. Il devait être mis sur pied pour le 1er février 1746. Ce fut le capitaine Grandcombe de Desrives, dont nous avons vu la belle conduite sous

Prague, qui fut chargé de l'organiser et d'en prendre le commandement. On la forma à Valence, en Provence; il rejoignit un an plus tard le régiment, en septembre 1746.

Enfin le colonel de Rochechouart-Faudoas, ayant été nommé maréchal de camp en novembre, se démit du régiment d'Anjou. Il fut remplacé par son frère, le chevalier de Rochechouart-Faudoas, colonel du régiment de Beauce. Quant au lieutenant-colonel, M. de Rivery, nommé lieutenant du roi à Briançon le 28 janvier 1746, il fut remplacé par M. de Stuard, major au corps et commandant le 2e bataillon.

Vaines tentatives pour débloquer Asti, puis Valence (mars à juin 1746).

Le régiment d'Anjou fut brusquement tiré de ses quartiers d'hiver par l'attaque subite que dirigèrent, au début de mars 1746, les Piémontais contre la garnison que nous avions à Asti.

Pour dégager de Montal et ses hommes, le maréchal de Maillebois réunit toutes les troupes disponibles. M. de Senneterre, avec la garnison de Casal et 4 pièces de canon, quitta la ville le 6 mars et vint prendre position à Vignale et Camagna. Le lendemain, rejoint par la colonne Chevert, on se porta à Porta-Comora ; mais le 8 au matin, en arrivant vers les 10 heures sur les hauteurs d'Annone, le maréchal apprit que la garnison d'Asti venait de se rendre.

Les troupes de secours n'avaient plus qu'à se reporter en arrière. Le soir, Anjou était à Fubine et, le 9, toute l'infanterie campait sur les hauteurs de San-Salvador.

Le maréchal de Maillebois comptait y rester ; mais, l'Infant lui ayant retiré les dernières troupes espagnoles dont il disposait encore, force lui fut de reculer devant l'approche du roi de Sardaigne. Le 10 mars au matin, l'armée française traversa le Tanaro sur le front de Bassignana, et on cantonna à Sale et à Piovera.

On y resta les deux jours qui suivirent à cause du mauvais temps : le froid était devenu très vif, et une neige abondante s'était mise à tomber. Le 13, on recula encore. Le camp fut établi à San-Giuliano; puis, le lendemain, Anjou ainsi que Tournaisis s'établirent à Pasturana, sous les ordres de M. de Chevert.

Avant de quitter Casal, M. de Senneterre avait laissé dans la citadelle un détachement de 259 hommes, parmi lesquels 2 sergents, 2 caporaux, 1 anspessade, 40 soldats et 1 tambour du régiment d'Anjou. Attaquée au milieu de mars par M. de Lichtenstein, la garnison se rendit le 28, après un bombardement de quatre jours. On l'échangea, du reste, bientôt après.

Le séjour d'Anjou à Pasturana dura jusqu'à la fin d'avril. Sa mission était d'y couvrir la direction de Gênes. Mais, à cette époque, la garnison de Valence étant vivement pressée par les Piémontais, le maréchal de Maillebois résolut de marcher à son secours.

Le 28, le régiment quitta Pasturana et se rendit, le 30, à Bosco, où, avec la brigade de Poitou, il forma le corps de M. de Senneterre. On leva le camp à l'entrée de la nuit, puis les deux brigades se dirigèrent sur Ritorte où elles passèrent l'Orba : les soldats avaient de l'eau jusqu'aux aisselles.

De là on gagna Rivalta, où le régiment d'Anjou resta toute la journée du 1er mai. Le soir seulement il fut détaché pour aller occuper Cassina-di-Strada. Le 2 mai, il traversa la Bormida et alla rejoindre l'armée à Gamalerio, où on arriva à 6 heures du soir. Mais le 3 au matin, au moment de se porter en avant, on apprit que Valence avait capitulé. Le maréchal de Maillebois donna alors l'ordre de reculer sur Acqui.

La brigade d'Anjou resta à Gamalerio pour former l'arrière-garde. De là elle se rendit à Alice pour renforcer le corps de M. de Chevert, chargé de couvrir l'armée assiégeant Acqui.

Une fois la ville prise, le maréchal voulut se donner de l'air et rejeter l'ennemi au delà du Belbo. Le 6 mai le chevalier de Rochechouart alla donc attaquer avec 200 grenadiers et 6 piquets le poste de Mizza-della-Paglia : il s'en empara brillamment, en culbutant un détachement de 300 soldats et de 300 paysans piémontais.

Mais, à cette époque, l'Infant d'Espagne ayant donné l'ordre au maréchal de Maillebois de se rapprocher de lui et de se rendre à Novi, l'armée française quitta les bords de la Bormida. Le 15 mai, les régiments d'Anjou, de Provence, de Tournaisis et d'Auxerrois se rendirent avec M. de Chevert à Visone pour couvrir les troupes chargées de faire partir d'Acqui les grains et les fourrages qui s'y trouvaient et, finalement, de faire sauter la citadelle.

Puis le régiment alla rejoindre l'armée à Novi, où il resta jusqu'aux premiers jours de juin.

Marche au secours de l'armée espagnole. Bataille de Plaisance (juin 1746).

Au début de juin, l'Infant d'Espagne, campé sous Plaisance, prit la résolution d'appeler à lui toutes les troupes françaises pour aller attaquer et battre le prince de Lichtenstein avant l'arrivée de l'armée de renfort que lui amenait M. de Brun. Le maréchal de Maillebois, abandonnant ses communications avec la France, se dirigea donc avec ses forces entières sur Plaisance.

Le régiment d'Anjou quitta Novi le 9 juin et, descendant la Scrivia, arriva le soir à Tortone. Le 10, on campa à Voghéra, le 11 à Broni, le 12 à la Stradella, le 13 à Castel-San-Giovani, le 14 à San-Imento et, le 15, on rejoignit à San-Antonio, sous Plaisance, l'armée espagnole.

Immédiatement l'Infant d'Espagne donna l'ordre d'attaquer. A 4 heures du soir, on prit les armes. Les Français avaient pour mission de tourner la gauche autrichienne, pendant que les Espagnols aborderaient l'ennemi de front. Anjou faisait partie de la troisième colonne, commandée par le lieutenant-général de Larnage.

Cette colonne, dont l'avant-garde était formée de 10 compagnies de grenadiers accompagnées de 100 travailleurs avec outils, comprenait les brigades d'Anjou et de la Roche-Aymon, plus 300 chevaux.

Elle quitta le camp de San-Antonio à la tombée de la nuit, traversa le Rio Commun et se dirigea sur le petit village de Pittolo, repoussant les troupes avancées de l'ennemi qui se trouvaient devant elle.

Une fois arrivées sur le Refudo, les troupes attendirent le jour pour traverser et tomber sur les Autrichiens. Voyant alors le combat commencé au centre, elles passèrent la rivière; mais, avant d'avoir pu se former en ordre sur l'autre rive, elles furent attaquées et par l'infanterie autrichienne, qui venait de repousser les Espagnols, et par un corps de hussards hongrois.

Complètement culbutée, l'armée française repassa dans le plus grand désordre les deux rivières. Le maréchal de Maillebois, étant enfin parvenu à la reformer, lui fit retraverser le Rio Commun, et allait donner l'ordre de recommencer l'attaque, qui aurait pu réussir cette fois tant était grande l'ardeur des troupes de venger leur échec, quand, vers 2 heures, il reçut de l'Infant l'ordre de cesser le combat.

Le régiment d'Anjou regagna tristement son camp
de San-Antonio. Les pertes étaient cruelles : le colonel
de Rochechouart-Faudoas avait été tué ; son frère, le

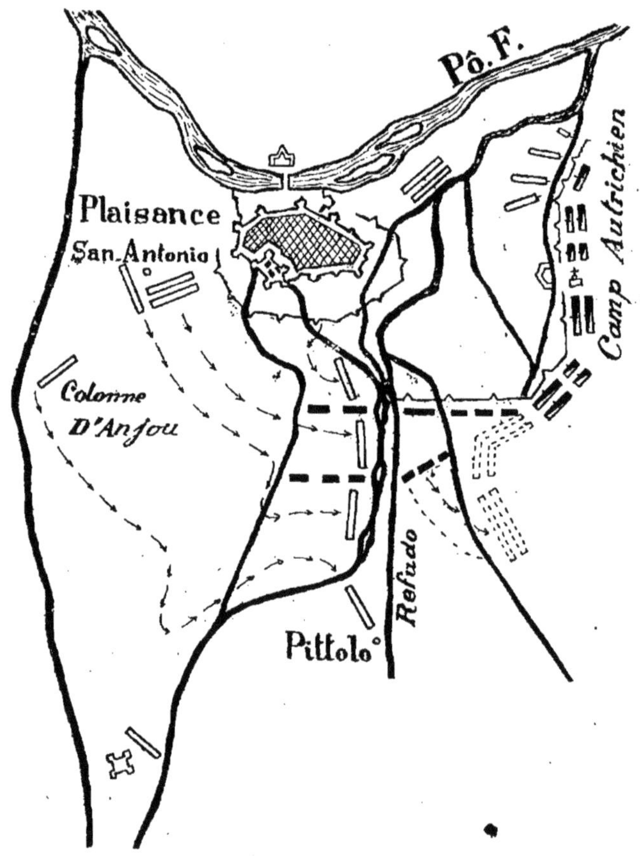

Bataille de Plaisance, 16 juin 1746.

chevalier de Rochechouart, avait été blessé ; 2 capitaines
et 19 soldats étaient morts ; 5 capitaines, 6 lieutenants
et une centaine d'hommes étaient blessés ; enfin 9 officiers et plus de 100 soldats d'Anjou étaient restés entre
les mains des Autrichiens.

Opérations de l'armée franco-espagnole au nord du Pô.
Abandon de l'Italie. Combat du Tidon
(juillet et août 1746).

Pendant que le maréchal de Maillebois se portait ainsi au secours de l'Infant d'Espagne, le roi de Sardaigne, le suivant à quelques jours de marche, arriva à Voghera. Il envoya alors 300 hommes d'élite et du canon mettre le siège devant Seravalle, petite ville sur la Scrivia, dont la garnison était commandée par un capitaine d'Anjou, M. de l'Aubépin. Bien que bombardé trois jours et trois nuits de suite, il défendit la ville si énergiquement que les Piémontais, désespérant de le réduire, en levèrent le siège le 16 juin.

Le roi de Sardaigne se porta alors sur le défilé de la Stradella, coupant ainsi l'armée franco-espagnole du bassin du Tanaro, pendant que les Autrichiens la bloquaient du côté du Parmesan. Dans cette triste conjecture, l'Infant d'Espagne, cédant aux conseils du maréchal de Maillebois, fit passer l'armée sur la rive gauche du Pô.

Le 27 juin à la nuit close, on abattit les tentes ; les troupes, abandonnant le camp de San-Antonio, allèrent traverser le Pô et arrivèrent, le 28 au matin, à l'Ospitaletto. Le 29, l'armée se rendit à Chignolo, le 30 à Corte-Olona, où elle séjourna le 1ᵉʳ juillet ; puis, le 2, elle regagna le camp de l'Ospitaletto. On y resta jusqu'au 6. A cette époque on alla occuper le camp de Casal-Pusterlingo, où on séjourna presque tout le mois.

Mais le régiment d'Anjou fut bientôt chargé d'une mission particulière. Le 15 juillet, la brigade, composée d'Anjou, de Guyenne et d'Isle-de-France, accompagnée du régiment de Dauphin-Dragons et de 6 pièces de canon, se porta, sous les ordres de M. de Saulx, à l'Ospitaletto, pour observer les mouvements du roi de Sardaigne entre le Lambro et l'Olona. C'est à cette époque que le chevalier de Rochechouart fut désigné pour remplacer à la tête du régiment son frère tué à la bataille de Plaisance.

Le 23 juillet, l'armée ayant quitté Casal-Pusterlengo pour Orio, le corps de M. de Saulx se porta à Corte-San-Andréa pour défendre le passage du Lambro.

Enfin, le maréchal de Maillebois étant parvenu à faire accepter son plan d'abandonner l'Italie et de rentrer en France, la brigade d'Anjou alla rejoindre, le 8 août, l'armée en face du confluent du Pô et du Tidone. Toute la nuit on resta en bataille, l'arme au pied. Les ponts étant terminés à 7 heures du matin, les troupes passèrent de suite et campèrent sur la rive droite du fleuve le 9. Le lendemain, on devait se porter sur San-Giovanni.

« L'ordre fut donné de marcher le 10 à la pointe du jour, et comme le général Botta (qui commandait les troupes autrichiennes sur la rive droite du Pô) n'avait fait encore aucun mouvement, on dut juger que tout se réduirait à une affaire d'arrière-garde qui devait rouler sur M. Pignatelli.

» Cependant, les ennemis ayant marché dans la nuit à Rottofreno et étant venus, le matin, reconnaître notre position, ils s'aperçurent que la droite de M. Pignatelli ne touchait pas à la Strada-Romera, et qu'en portant leur effort de ce côté ils pourraient se rendre maîtres de la chaussée et interrompre notre marche sur Castel-San-Giovanni.

» Ce fut dans cette partie que l'attaque commença a 8 heures du matin, lorsque les brigades d'Anjou et des Gardes-Lorraines étaient en pleine marche et au moment de s'allonger sur le grand chemin de Castel-San-Giovanni.

» Le maréchal, qui se trouva dans ce moment avec l'Infant à Sarmato, envoya M. de Chévert pour porter ses ordres à la ligne et y faire les dispositions convenables. Cet officier joignit d'abord M. Pignatelli, qui, voyant paraître une grosse colonne d'infanterie, fit occuper avec

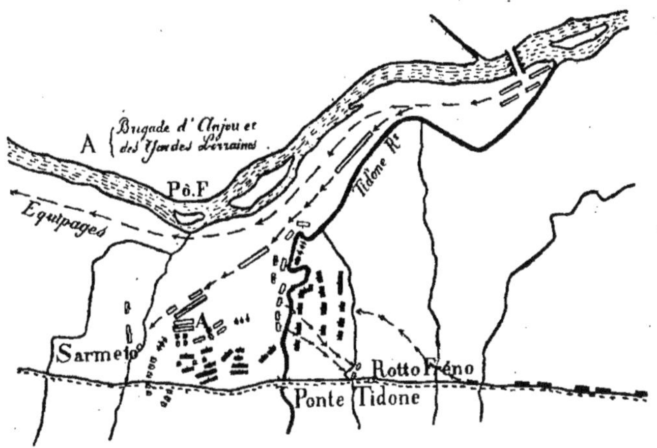

Combat de Tidone, 10 août 1746.

ses grenadiers un petit rideau placé dans une anse que forme le Tidon et qui dominait sur l'autre rive.

» Le feu de ces grenadiers arrêta un moment les ennemis et donna à M. de Senneterre le temps de s'avancer avec les deux brigades d'Anjou et des Gardes-Lorraines pour couvrir la chaussée, sur laquelle M. de Senneterre fit prendre poste à des piquets de cette dernière brigade, et les plaça autour et dans les cassines qui étaient à la droite et à la gauche de la chaussée, et que M. Bourcet, ingénieur, avait été reconnaître. MM. de Larnage et de Saulx, avec la brigade d'Anjou qui suivait celle des Gardes-Lorraines, se portèrent à sa gauche, derrière une haie qui favorisait son feu.

» Le premier effort de ces deux brigades força les ennemis à repasser le Tidon en désordre, étant en même temps poussés par la gauche par la cavalerie espagnole et un escadron de Dauphin-Cavalerie, qui se trouva mêlé avec elle.....

» On fit avancer les piquets des gardes espagnoles avec du canon à la droite de nos brigades. Cependant les ennemis, s'étant reformés, revinrent passer la rivière auprès de la grande chaussée pour tourner les cassines que nous venions d'occuper, sur lesquelles ils débouchèrent en colonnes et forcèrent les piquets qui les occupaient à se replier ; M. de Senneterre, sentant l'importance de conserver ces cassines, fit marcher M. de Vigier avec la brigade des Gardes-Lorraines, qui se trouvait commandée par le chevalier de Beauvau. Cette brigade reprit les cassines l'épée à la main et s'y soutint jusqu'à ce que les gardes espagnoles, ayant été obligées de céder au feu de la colonne ennemie, laissèrent à découvert notre droite et le canon. Les Gardes-Lorraines se retirèrent alors en bon ordre jusqu'à leur premier poste, favorisés par la brigade d'Anjou, à la tête de laquelle MM. de Larnage et de Saulx étaient restés fermes, et continuant un feu très vif dans le terrain qu'ils avaient occupé.

» La colonne des ennemis, poussant toujours devant elle, s'avançait pour dépasser la brigade des Gardes-Lorraines, qui fut obligée de perdre du terrain, ce qu'elle fit par ordre ; M. de Cornillon, pour y remédier, fit sur-le-champ faire un à-droite à la moitié de la brigade d'Anjou, que commandait M. d'Escars, qui prit d'écharpe la colonne des ennemis, l'arrêta et se mêla à elle.

» En même temps, trois escadrons espagnols, en bon ordre, vinrent charger la colonne des ennemis qui recula jusqu'à sa cavalerie, dont elle appuya jusqu'à son flanc gauche. La brigade des Gardes-Lorraines, voyant les ennemis chassés, revint prendre son terrain ; alors elle reçut un ordre de marcher pour attaquer 4 pièces de canon, devant être soutenue par la cavalerie espagnole. Le tout marcha en bon ordre ; mais, la cavalerie n'ayant pu tenir au feu avec lequel elle fut reçue, ces brigades se retirèrent culbutées par la cavalerie espagnole, qui céda à une charge très vive de la cavalerie ennemie, ce qui occasionna la perte de quelques prisonniers et de quelques drapeaux. Ces brigades prirent leur terrain et y tinrent jusqu'à ce qu'elles eussent été relevées par celle des Gardes-Espagnoles, et 200 hommes aux ordres de M. de Pontunet, lieutenant-colonel de Foix.....

» Les choses se soutinrent dans cet état jusqu'à 2 heures après midi qu'on ordonna la retraite, l'artillerie et les équipages ayant achevé de défiler (1)..... »

Le soir, le régiment d'Anjou, doublant l'étape, campait à la Stradella. Les pertes étaient aussi lourdes qu'à la bataille de Plaisance. Le colonel et le lieutenant-colonel étaient blessés ; 1 capitaine avait été tué ; 2 capitaines et 108 soldats étaient blessés ; enfin 245 soldats manquaient à l'appel, tués ou prisonniers. Mais la véritable perte de la journée, ce fut celle de deux drapeaux d'Anjou pris par l'escadron piémontais du chevalier Guigne.

Retour en France de l'armée franco-espagnole (août et septembre 1746).

Alors commença, pour le régiment d'Anjou et pour toute l'armée française, une retraite rapide qui ne devait s'arrêter que dans les environs de Toulon. Le soir du combat du Tidon, les Français, doublant l'étape, allèrent camper à la Stradella. Ils y restèrent le 11 pour y prendre un peu de repos et se remettre en ordre. Le 12, ils gagnèrent Voghera ; mais là le maréchal de Maillebois, ne se trouvant pas encore en sûreté, recula sur Tortone, où Anjou arriva le 15.

Le 18 août, à l'annonce de la marche des Autrichiens

---

(1) Extraits du rapport du maréchal de Maillebois.

sur Novi pour nous couper la route de Gênes, l'armée décampa rapidement. Quittant Tortone, elle remonta la rive gauche de la Scrivia et arriva le 19 à Seravalle, après avoir marché toute la nuit. On poussa jusqu'à Gavi pour rejoindre les Espagnols.

Le 20, toujours entraîné par eux, le maréchal recula jusqu'à Voltaggio.

Le 23, on campa à Ponte-Decimo, après avoir franchi les Apennins.

Les généraux français espéraient s'arrêter là ; mais, en présence de l'offensive des Autrichiens et du mouvement tournant du roi de Sardaigne, qui, par la vallée de la haute Bormida, menaçait de nous couper de Nice, force fut encore de reculer et d'abandonner Gênes, notre alliée.

Le 2 septembre, Anjou se rapprochait de la côte, puis, le 3, allait camper sous Voltri et, le 5, à Savone. Mais, l'adversaire devenant de plus en plus pressant et nous menaçant au nord et à l'est, on se retira le 6 sur Finale, puis le 10 à Loano. Cette journée fut la plus pénible. Les Autrichiens se montrèrent très pressants, et le régiment d'Anjou, qui était à l'arrière-garde, dut faire le coup de feu toute la journée.

Jugeant cette position de Loano trop rapprochée encore de l'ennemi, le maréchal recula ensuite jusqu'à Albenga, où l'on pouvait résister dans de meilleures conditions. Tout étant enfin préparé pour rentrer en France, le 16 l'armée française alla camper à Porto-Maurizio, le 18 à San-Rémo et le 23 à Vintimille ; le 24, on repassa la Roya.

C'est au cours de cette retraite, dans les premiers jours de septembre, que le régiment d'Anjou fut rejoint par son 3ᵉ bataillon. Après avoir été formé à Valence, comme on l'a vu, il en était parti le 24 avril pour Toulon, où il était arrivé le 8 mai. Il avait ensuite été dirigé sur Nice le 28 août, puis, au début de septembre, sur l'armée.

Pendant toute cette période il avait été sous les ordres de M. de Mauleuvrier, chargé d'assurer les communications sur les derrières de l'armée.

CHAPITRE IV

Campagnes en Provence et dans le comté de Nice (1746-1748).

Perte du comté de Nice. Invasion de la Provence.
Le maréchal de Belle-Isle rejette les Austro-Piémontais
en Italie (septembre 1746 à février 1747).

Quand toute l'armée eut franchi la Roya, le maréchal de Maillebois et l'Infant prirent leurs dispositions pour couvrir le comté de Nice et arrêter la marche des Austro-Piémontais.

Anjou fut désigné pour aller servir en seconde ligne ; il se rendit le 25 septembre à Menton, le 26 à la Turbie et, le 27, il alla occuper Nice avec les régiments espagnols de Castille et de Parme. Il ne prit donc pas part aux différents combats que livrèrent les Franco-Espagnols pour défendre le passage de la Roya.

Mais l'ennemi étant encore parvenu à franchir cette rivière, il fallut de nouveau se résoudre à reculer. Le 17 octobre, le régiment d'Anjou rejoignit l'armée au camp de Cimiez. Le 18, dans la nuit, on décampa et, longeant la Méditerranée, les troupes alliées allèrent s'établir à Saint-Laurent-du-Var : Anjou dressa ses tentes tout à côté de la mer.

C'était maintenant la Provence même, le territoire français qu'il s'agissait de défendre : une longue ligne de retranchements fut élevée derrière le Var et on se prépara à résister.

Mais les Espagnols ayant lâchement abandonné l'armée française, le maréchal de Maillebois, incapable de résister à cause du faible effectif de ses troupes, dut abandonner la frontière. Le 7 novembre, à minuit, Anjou prit les armes et, à 4 heures du matin, l'armée se mit en route pour aller au Biot, sous Antibes.

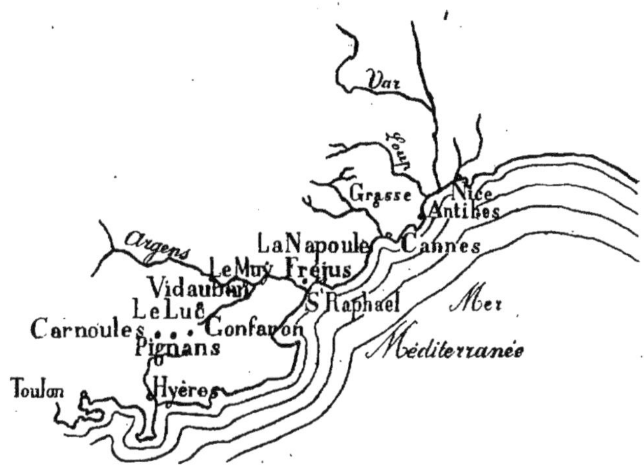

Campagne d'hiver 1746-1747.

La brigade d'Anjou (3 bataillons Anjou, 1 bataillon Provence, 1 bataillon Auxerrois) resta au Biot pendant tout le mois de novembre, même après que l'armée se fût retirée à Grasse. Quand l'ennemi eut traversé le Var, les troupes françaises reculèrent et le régiment d'Anjou, se joignant au corps de M. de Mirepoix, arriva le 1er décembre à la Napoule.

A cette époque, le maréchal de Belle-Isle, chargé de remplacer le maréchal de Maillebois, ayant décidé de reculer jusqu'à Toulon, le corps de M. de Mirepoix se retira, le 8 décembre, à Vidauban et, le 17, à Carnoules. Il s'y installa pour se refaire, et préparer un vigoureux retour offensif destiné à rejeter l'ennemi au delà du Var.

Les troupes de M. de Mirepoix comprenaient les trois brigades d'Anjou, de Poitou et de la Reine. La brigade d'Anjou, commandée par M. d'Aubeterre, comprenait, outre les 3 bataillons du régiment, les régiments de Provence, Quercy et Auxerrois, forts de 1 bataillon chacun.

On était couvert en avant par un certain nombre de détachements : la brigade d'Anjou avait envoyé, sous les ordres du chevalier de Rochechouart, 2 compagnies de grenadiers et 4 piquets à Gonfaron, et deux piquets à Pignans.

La fin du mois de décembre et le début de janvier furent occupés à remettre les troupes en état. Le régiment d'Anjou, qui ne comptait plus que 940 hommes, reçut 420 miliciens, ce qui porta l'effectif de ses bataillons à un peu plus de 400 hommes. En plus, le maréchal de Belle-Isle fit tout ce qu'il était en son pouvoir pour donner aux hommes des vivres et des effets.

Enfin, tout étant à peu près terminé vers le milieu de janvier, le maréchal de Belle-Isle donna l'ordre de se porter en avant. La tâche de l'armée française fut, du reste, grandement facilitée par la révolte de Gênes, qui, rejetant la domination autrichienne, coupait l'armée ennemie de sa base d'opérations.

Le 21 janvier 1747, l'armée s'ébranla. Le corps de M. de Mirepoix quitta le camp de Carnoules et se porta au Luc. Il formait la réserve de l'armée et avait pour mission de s'avancer le long de la côte, pendant que l'armée franco-espagnole opérait plus au nord.

Le 22, les trois brigades se portèrent à Vidauban, à côté de l'Argens, sur lequel on construisit un pont, le 23, pour leur permettre de déboucher sur l'autre rive. C'est ce qui fut fait le lendemain 24, où Anjou alla camper au Muy. Le 25, descendant la rive gauche de l'Argens, il arriva à Fréjus, que l'ennemi évacua après quelques coups de fusil.

Le 26, le corps de M. de Mirepoix séjourna à Fréjus pour laisser rejoindre les traînards, et permettre à l'armée de terminer son mouvement.

Le 29 seulement, on se remit en marche par l'Esterel ; le soir, on campa dans la montagne et, le 30, on arriva à la Napoule.

Le 31, M. de Mirepoix se préparait à aller attaquer le camp de Cannes quand il apprit que le général Braun avait retiré toutes ses troupes. Il se contenta donc de traverser la Ciague à la Napoule et alla occuper Cannes et Antibes. C'est dans cette dernière ville que s'arrêta le régiment d'Anjou. L'ennemi ayant quitté le comté de Nice et traversé le Var, la campagne était terminée.

Ce beau résultat avait été obtenu sans presque tirer un coup de fusil, mais les troupes avaient eu beaucoup à souffrir. La pluie était tombée sans discontinuer ; les chemins étaient dans un état déplorable ; le pays, ruiné par l'occupation étrangère, ne fournissait aucune ressource. La plupart des officiers, faute de chevaux, avaient dû faire la route à pied. Malgré tout, jamais les hommes n'avaient montré autant d'ardeur, rarement on vit aussi peu de malades. Quant aux déserteurs, il n'y en eut aucun.

Prise des quartiers d'hiver. Seconde conquête du comté de Nice (février à juillet 1747).

Le maréchal de Belle-Isle, ne pouvant pas garder plus longtemps son armée dans ce pays dévasté, fit prendre immédiatement aux troupes leurs quartiers d'hiver. Le 4 février 1747, le régiment d'Anjou quitta Antibes, refit en sens contraire le chemin qu'il venait de parcourir et, passant par Brignoles et Aix, arriva le 18 à Arles.

Il y avait bientôt presque deux années que l'on faisait

campagne loin de France. Le régiment était dans le plus grand état de délabrement. On profita du séjour prolongé qu'Anjou fit, à Arles pour le remettre en état, tant au point de vue de l'effectif que de l'armement et de l'habillement.

Au printemps, le maréchal de Belle-Isle forma le plan de reprendre le comté de Nice, de marcher au secours de Gênes toujours assiégée, et enfin d'aller reporter la guerre en Piémont.

Aussi Anjou quitta-t-il Arles le 21 mai pour arriver, le 2 juin, au camp de Saint-Laurent-du-Var, où toute l'armée était rassemblée. Le régiment de Provence lui fut adjoint pour former la brigade.

La campagne débuta par le passage du Var, qui fut considéré à l'époque comme une merveille d'organisation et d'exécution.

L'armée leva son camp le 2 juin, à 9 heures du soir. Elle était divisée en cinq colonnes, dont trois avaient pour direction Nice et deux autres Aspremont.

Les deux premières, composées de toute l'infanterie, aux ordres du chevalier de Belle-Isle et de M. de Ravoye, devaient passer le Var près de la mer et au-dessus du pont de Saint-Laurent. Elles étaient précédées d'une avant-garde formée de 13 compagnies de grenadiers et de 22 piquets, dont 6 d'Anjou : M. d'Arnault la dirigeait.

Une fois le Var traversé sur l'ancien pont à moitié brûlé de Saint-Laurent, cette avant-garde se dirigea sur Nice, puis, passant par les défilés du mont Gros, alla couper la communication de Villefranche avec la Turbie.

Les 3 bataillons d'Anjou faisaient partie de la seconde colonne, commandée par M. de Ravoye. A la pointe du jour, elle commença à traverser le Var à gué un peu au-dessous de Saint-Isidore ; à 7 heures du matin, tout était terminé. Le passage de la rivière s'exécuta dans le plus grand ordre, à travers le sable mouvant, les hommes ayant de l'eau jusqu'à la ceinture : une crue subite avait fait hausser le niveau du Var de près d'un pied.

La colonne se dirigea ensuite sur la hauteur entre Cimiez et Saint-Pons, où elle retrouva la première colonne, formée là en bataille par le chevalier de Belle-Isle. Le soir, le camp fut établi sur cet emplacement.

Quant à la troisième colonne, aux ordres de M. de Bissy, formée de la cavalerie et accompagnée de piquets et de grenadiers, parmi lesquels les 3 compagnies de grenadiers d'Anjou, elle gagna rapidement la hauteur de Villefranche, qu'elle se mit à canonner à la grande surprise du gouverneur, qui ignorait encore le passage du Var par les Français.

Le maréchal de Belle-Isle fit immédiatement commencer les sièges de Villefranche et de Montalban. Anjou resta avec toute l'armée au camp entre Cimiez et Saint-Pons jusqu'au 12 juin, époque à laquelle le régiment se rendit à Notre-Dame-de-l'Aghet, sous les ordres, ainsi que Provence, de M. d'Aubeterre.

Villefranche et Montalban ayant capitulé, le maréchal de Belle-Isle se porta en avant pour aller assiéger Vintimille. Le 14, l'armée s'ébranla. Anjou faisait partie de la colonne qui longeait la côte : il occupa Menton le même jour ; le 20, il était à Bévéra et, le 21, franchissant la Roya, il allait camper sous Campo-Rosso.

Le rôle actif du régiment était terminé pour l'été. Le maréchal de Belle-Isle, étant parvenu à faire agréer son projet de marcher sur Turin par Exilles et la vallée de la Doria, dirigea la meilleure partie de ses troupes sur Briançon.

Anjou, n'ayant pas été désigné pour faire partie de cette expédition, resta dans le comté de Nice. Mais, comme on trouvait l'armée trop exposée sur la Roya,

on la reporta en arrière dans les premiers jours de juillet,
et c'est ainsi que le régiment d'Anjou passa tout ce mois
au camp de Notre-Dame-de-l'Aghet.

Camp de Drap. Expédition pour débloquer Vintimille. Prise des quartiers d'hiver (automne 1747).

Le projet d'envahir le Piémont par la vallée de la Doria
ayant échoué à la suite du désastre de l'Assiette, le maréchal de Belle-Isle revint à l'idée d'une attaque par Gênes.
Mais, le général espagnol de Las Minas passant son
temps à contre-carrer les projets de l'état-major français,
on perdit un temps précieux ; de sorte qu'on se trouva
bientôt en présence d'un mouvement offensif de l'ennemi
sur Nice.

La brigade d'Anjou (3 bataillons Anjou, 1 bataillon Provence) et 2 bataillons de volontaires royaux furent envoyés
à Drap, où ils arrivèrent dans les derniers jours d'août :
M. de Mauleuvrier, qui commandait ces troupes, les
employa à construire des retranchements barrant la vallée
du Paglion.

Anjou resta à Drap tout le mois de septembre et la
première quinzaine d'octobre. A cette époque, trouvant
les Français trop bien gardés et voyant la saison s'avancer, le roi de Sardaigne plaça ses troupes dans leurs
quartiers d'hiver derrière la Roya, bloquant la citadelle
de Vintimille.

Voulant lui porter secours, le maréchal de Belle-Isle
résolut de le faire avant l'arrivée de la mauvaise saison.
Le 17 octobre, Anjou gagna Peglia avec ses 3 compagnies de grenadiers et 4 piquets à la Turbie. La brigade
d'Anjou faisait partie d'un corps de 20 bataillons, dont
16 espagnols, aux ordres de M. de Carvajal.

Les grenadiers et les piquets d'Anjou entraient dans

la composition d'un détachement de 12 compagnies de grenadiers et de 12 piquets, sous MM. de Cadijal et de Rochechouart, avant-garde du corps de M. de Pignatelli, réuni à la Turbie.

Ces deux colonnes, qui opéraient sur la droite de l'armée, se mirent en mouvement le 17 octobre à minuit. Le lendemain, après une marche de dix-huit heures par des chemins effroyables, les ennemis sont chassés à gauche de Castellar et de Castiglion, à droite de la montagne vis-à-vis de Balsi-Rossi.

Le 19, les deux colonnes se réunirent vers la montagne de Longoira.

Le 20, on leva le camp à 2 heures du matin et, à la pointe du jour, l'attaque commença. On rejeta l'ennemi au delà du vallon de Late ; on le poursuivit avec tant d'entrain qu'on ne lui donna pas même le temps de résister sur la montagne de Castel-d'Appio ; on lui fit repasser la Roya et, avant midi, on donna la main à la garnison du château de Vintimille.

Le soir, M. de Cadijal campa avec l'avant-garde près des Capucins, au-dessus du château de Vintimille, et Anjou dressa ses tentes sur le revers de Balsi-Rossi, en arrière du ravin de Late.

Ce fut la dernière affaire de la guerre à laquelle assista le régiment. Il retourna ensuite camper sous Menton, où il resta les derniers jours du mois d'octobre et les premiers de novembre.

Les quartiers d'hiver ayant alors été désignés, Anjou se rendit à Grasse, où il arriva vers le 12 novembre.

Préparatifs d'entrée en campagne au printemps 1748. Suspension d'armes. Le régiment d'Anjou à Tarascon. Mise sur le pied de paix.

Au printemps de l'année 1748, on voulut recommencer l'invasion du Piémont par le comté de Nice. Mais, étant donnés les bruits de paix qui circulaient, on ne se hâta pas trop de commencer la campagne.

Ce ne fut que vers la fin de mai que l'armée fut rassemblée autour de Nice dans sept camps. Le régiment d'Anjou arriva au camp du Belvédère, dans la vallée de la Lantosque, le 5 juin.

Le camp était commandé par M. de Chevert, et la brigade d'Anjou, placée sous les ordres de M. de Montcalm, comprenait six bataillons (3 bataillons Anjou, 1 bataillon Beauce, 1 bataillon Auxerrois, 1 bataillon Saintonge).

Quelques jours après, on se disposait à se porter en avant pour aller attaquer les Piémontais au col de Raus quand, le 10 juin, le maréchal de Belle-Isle apprit que la paix allait se conclure. Le 12, la suspension d'armes fut signée dans le comté de Nice.

La guerre était terminée. Il ne restait plus qu'à diriger les régiments sur leurs nouvelles garnisons ; mais, avant la dislocation des troupes, un certain nombre de récompenses furent accordées aux officiers qui s'étaient le plus distingués au cours des campagnes précédentes.

MM. de Scepeaux, Compain, de la Balmondière et de Jocas, capitaines d'Anjou, reçurent la croix et furent reçus chevaliers de l'ordre de Saint-Louis par le maréchal de Belle-Isle, à Nice, le 25 juin.

Du camp du Belvédère, les bataillons d'Anjou allèrent cantonner dans les villages de Roquebilière, Saint-Martin et Saint-Dalmas-du-Plan. Ils y restèrent jusqu'au milieu de décembre, sous les ordres de M. d'Andelot, maréchal de camp.

A cette époque, ils se dirigèrent sur Tarascon, qui leur avait été désigné pour garnison. Les 3 bataillons y arrivèrent successivement les 12, 15 et 19 janvier 1749.

Sitôt à Tarascon, il fallut songer à mettre le régiment sur le pied de paix. Une ordonnance royale du 15 janvier supprima le 3e bataillon, dont les grenadiers entrèrent dans la composition du corps des grenadiers de France.

L'ordonnance du 18 février réorganisa complètement l'infanterie française. Chaque bataillon ne comprit plus que 525 hommes, répartis entre 13 compagnies seulement : 1 de grenadiers et 12 de fusiliers.

La compagnie de grenadiers avait 1 capitaine, 2 lieutenants qui devaient sortir des sergents et 45 grenadiers. Chaque compagnie de fusiliers comprenait 1 capitaine, 1 lieutenant et 40 hommes. Il n'y eut plus que deux drapeaux par bataillon, portés par un enseigne dans les deux premières compagnies de fusiliers.

Les capitaines des compagnies supprimées furent placés comme deuxièmes officiers dans les compagnies conservées, avec 42 sols par jour. Les lieutenants des mêmes compagnies ne furent conservés que dans la mesure nécessaire pour occuper les places restantes de deuxièmes officiers et d'enseignes.

Tous les autres furent renvoyés dans leurs foyers comme officiers réformés ; ceux d'entre eux nommés avant le 1er janvier 1744 reçurent 150 livres par an comme solde de réforme. Les autres ne reçurent rien.

Pour éviter cependant de réformer trop de capitaines, on enleva au colonel et au lieutenant-colonel la possession de leurs compagnies. La 1re compagnie de chaque bataillon n'en conserva pas moins le nom de compagnie colonelle et le drapeau blanc.

Enfin, les compagnies conservées ayant été complétées, les sergents et soldats en excédent furent renvoyés dans leurs foyers avec un uniforme et une indemnité de route de trois livres.

ANNEXES.

———

1° Etats de services des colonels et lieutenants-colonels d'Anjou.

Louis de Conflans, marquis d'Armentières.

Né le 27 février 1711.
Mousquetaire en 1726 ;
Colonel du régiment d'infanterie d'Anjou le 16 septembre 1727 ;
Brigadier le 18 octobre 1734 ;
Prit part à la campagne de Bohême (1741-1743) ;
Maréchal de camp par brevet le 20 février 1743 ;
Lieutenant général le 14 octobre 1746 ;
Chevalier des ordres du Roi le 1er janvier 1753 ;
Se distingua en Allemagne pendant la guerre de Sept ans;
Maréchal de France le 1er janvier 1768 ;
Mort à Paris le 20 janvier 1774.

De Rivery.

Sous-lieutenant dans le régiment d'infanterie d'Anjou en 1706 ;
Lieutenant en 1707;
Capitaine en 1712;
Nommé capitaine de grenadiers le 2 janvier 1734 ;
Major le 12 septembre 1734 ;
Lieutenant-colonel le 22 juin 1740 ;
Brigadier le 2 mai 1744; est chevalier de Saint-Louis ;
Lieutenant du Roi à Briançon le 28 janvier 1746 ;
« Le baron de Rivery est un des lieutenants-colonels de l'infanterie des plus capables et des plus intelligents, qui a servi avec distinction. » (Mémoire de proposition du 15 mai 1743.)

François-Charles, comte de Rochechouart-Faudoas.

Né le 26 août 1703.

Mousquetaire en 1719 ;

Lieutenant réformé au régiment de cavalerie aujourd'hui Sainte-Aldegonde le 13 février 1721 ;

Capitaine au régiment de cavalerie du Roi le 22 mai 1722;

Colonel d'un régiment d'infanterie de son nom par commission du 10 mars 1734 ;

Se distingue en Italie à la bataille de Guastalla, où il est blessé ;

Fait la campagne de Bohême de 1741-43 ;

Brigadier par brevet du 20 février 1743 ; obtient, par commission du 6 mars, le régiment d'infanterie d'Anjou ;

Déclaré en novembre 1745 maréchal de camp, se démit du régiment d'Anjou ;

Lieutenant général le 10 mai 1748, ministre du Roi à Parme en 1754. Chevalier des ordres du Roi le 1er janvier 1759.

Jean-Louis-Roger, chevalier puis marquis de Rochechouart-Faudoas.

Né le 1er février 1716 ;

Enseigne de la colonelle du régiment d'infanterie d'Anjou le 21 avril 1730 ;

Lieutenant le 21 octobre 1733 ;

Il obtient une compagnie le 2 janvier 1744 ;

Major le 7 mai 1744 ;

Colonel-lieutenant de son régiment le 20 juillet 1746 ;

Maréchal de camp par brevet le 20 février 1761 (se distingue à la défense de Cassel) ;

Lieutenant général en 1765.

Martial de Stuart de Cheminade ou de Stuard.

Né le 30 juin 1687 ;

Lieutenant au régiment de Normandie le 1er avril 1701 ;

Capitaine au régiment de Noé le 3 novembre 1706 ;

Incorporé au régiment d'Anjou le 15 août 1715 ;

Major le 22 juin 1740 ;

Commandant de bataillon le 7 mai 1744 ;

A obtenu une pension de Saint-Louis de 800 livres le 21 juillet 1745 ;

Lieutenant-colonel le 28 janvier 1746 ;

Brigadier par brevet le 10 mai 1748 ;

Se retire du service au mois de novembre 1756.

2° Etat récapitulatif des effectifs et des pertes du régiment d'Anjou au cours de la guerre de succession d'Autriche.

Effectif du régiment le 15 août 1741 : 1.370 hommes.

Effectif le 15 juin 1742 : 525 présents, 42 absents.

Effectif en décembre 1742 : 257 présents, 30 à l'hôpital, 27 convalescents.

Etat le 14 janvier 1743 : 50 officiers, 250 soldats, 110 domestiques.

Etat le 26 janvier 1743 : 272 présents, 32 malades à Prague, 36 à Egra.

Etat en février 1743. — 1ᵉʳ *bataillon* : 1 lieutenant-colonel, 1 major, 5 capitaines, 11 lieutenants ou enseignes, 141 bas officiers et soldats ; — 2ᵉ *bataillon* : 1 aide-major, 7 capitaines, 11 lieutenants, 133 bas officiers et soldats.

Bataille de Sahay : 1 sergent blessé, 1 soldat tué et 5 blessés.

Sortie du 29 juillet 1742 : 5 soldats blessés.

Sortie du 18 au 19 août 1742 : le capitaine de Lisle blessé, 3 soldats tués et 9 blessés sur 67 tués et 138 blessés.

Sortie du 22 août 1742 : le capitaine de la Proutière blessé, sur 201 tués et 545 blessés.

Autres pertes au cours du siège : 8 soldats tués et 2 blessés.

Etat des officiers, sergents et soldats tués ou blessés du 8 au 12 octobre 1743, à l'attaque des retranchements de Pont :

MM. le chevalier de Rochechouart, de la Boulaye et la Tour, capitaines, blessés ; de Beaucemaine et l'Aumonier, lieutenants, blessés.

Sergents et soldats tués : 12.

Sergents et soldats blessés : 35.

Déserteurs, perdus ou morts dans la montagne : 20.

**Etat des officiers, sergents et soldats tués ou blessés
le 20 avril 1744, à l'attaque des retranchements de Villefranche-Montalban.**

MM. de Graveron, capitaine, tué; de l'Isle de Noé, capitaine, blessé.

Sergents et soldats tués : 11.

Soldats blessés : 42.

Le 16 octobre 1744, au siège de Coni, M. de Beaucemaine,
capitaine, fut blessé dans les tranchées, à une sortie des
Piémontais.

**Etat des pertes du régiment d'Anjou à la bataille
de Plaisance (16 juin 1746).**

Officiers tués.

MM. le marquis de Rochechouart-Faudoas, colonel ; de
Bosanquet et la Tournière, capitaines.

Officiers prisonniers.

MM. le chevalier de Béon, coup de sabre au visage ;
Dieuzet, coup de sabre à la tête ; Laporte, coups de sabre
à la tête et à l'épaule.

Officiers prisonniers, mais non blessés.

MM. de Vilhac, la Boulaye et Compains, capitaines ; Mu-
ras, chevalier de Chastillon et Meilhan, lieutenants.

Officiers blessés.

M. le chevalier de Rochechouart, major, coup de feu au
pied.

MM. les capitaines La Proutière, coup de feu à la jambe ;
Boischevreuil, coup de feu à la tête ; Beauchemin, coup de
feu au bras ; Vareuil, coup de feu dans les reins.

MM. les lieutenants La Verdure, bras gauche cassé d'un
coup de feu ; La Fourcade, contusion à la jambe ; chevalier de Scepeaux, coup de feu à la tête ; Mongarin, coup
de sabre à la main ; La Vaissière, plusieurs contusions ;
Hugonin, plusieurs contusions.

Soldats tués : 19.

Soldats blessés : 95 ou 102.

Soldats prisonniers : 108.

Etat des pertes du régiment d'Anjou à la bataille du Tidon (10 août 1746).

Officier tué.

M. de Cartigné, capitaine.

Officiers blessés.

MM. de Stuard, lieutenant-colonel. coup de feu à la jambe ; le chevalier de Rochechouart, major, coup de feu à la tête ; Favols, jambe fracassée d'un coup de canon; La Chaize, coup de feu à l'épaule.

Officiers prisonniers.

MM. La Balmondière et Cabanne, capitaines; La Roque, Bonnissant, de Caulet et Calonnard, lieutenants.

Soldats manquant à l'appel : 245.

Soldats blessés : 108.

Situation du régiment d'Anjou le 3 janvier 1747.

(3 bataillons.)

1 colonel.	33 lieutenants.
1 lieutenant-colonel.	4 capitaines absents.
2 commandants de bataillon.	9 prisonniers.
	3 emplois vacants.
1 major.	11 lieutenants absents.
3 aides-majors.	11 prisonniers.
31 capitaines.	8 emplois vacants.

Etat d'effectif le 12 septembre 1747.

1 colonel.	6 absents.
1 lieutenant-colonel.	6 lieutenances vacantes.
1 major.	1428 sergents et soldats.
3 aides-majors.	12 malades à la tente.
2 commandants de bataillon.	25 détachés.
39 capitaines présents et 8 absents.	208 aux hôpitaux de l'armée.
51 lieutenants ou sous-lieutenants présents, et	382 hommes manquent au complet.

3° Etat des grâces demandées au Roi en faveur des officiers du régiment d'Anjou, au retour de Bohême.

Le sieur de Graveron, commandant le second bataillon, sert depuis 1703. Représente qu'il s'est trouvé dans toutes les affaires où le régiment a eu part ; qu'il a été blessé à la tête à la bataille de Guastalla ; qu'il s'est distingué pendant la campagne de Bohême (proposé pour une pension).

Le sieur Duvernay, premier capitaine de grenadiers, sert depuis quarante ans ; il a servi avec approbation de MM. les officiers généraux pendant la campagne de Bohême (proposé pour une place ou une pension).

Le sieur de Stuard, major : s'est distingué pendant la campagne de Bohême ; il est estropié à la main droite d'un coup de fusil qu'il reçut à la bataille de Parme. Il n'a aucune grâce du Roi, et demande une pension pour l'aider à continuer ses services (proposé pour une pension).

Le sieur de La Proutière, capitaine, sert depuis 1718. Il a été blessé à la seconde sortie de Prague, et demande une pension et une gratification (proposé pour une gratification).

Le sieur de Saint-Martial, capitaine, sert depuis 1720 : capitaine en 1731, il s'est distingué pendant la campagne de Bohême ; est neveu de feu M. de Mélac, lieutenant général, et demande la croix de Saint-Louis (proposé pour la croix).

Le sieur de Palonnière, capitaine, sert depuis 1719 : capitaine en 1733. Il s'est trouvé à toutes les actions qui se sont passées en Bohême, et demande la croix de Saint-Louis, étant le premier à la prétendre (proposé pour la croix).

Le sieur de Vilhac, capitaine, sert depuis 1722 : capitaine en 1734. Il reçut un coup de fusil au travers du bras à la bataille de Parme et demande la croix de Saint-Louis (proposé pour la croix).

Le sieurs de Favols, capitaine, sert depuis 1733 : capitaine en 1742. Il a reçu une blessure considérable à la retraite de Frauenberg, a perdu ses équipages et demande une gratification (proposé pour une gratification).

(Travail du Roi, 15 mai 1743.)

Des Rives, capitaine au régiment d'Anjou. Proposé pour une gratification de 400 livres. Représente qu'il sert depuis quarante ans, qu'il a fait la dernière guerre en Italie et a été blessé à la bataille de Parme ; que, pendant la campagne de Bohême, il s'est trouvé à l'affaire de Sahay, à la retraite de Frauenberg et au siège de Prague, où il a toujours servi postiche aux grenadiers ; qu'à la sortie du 19 août il attaqua une batterie de mortiers et en chassa l'ennemi à coups de baïonnette ; qu'il s'est trouvé à l'affaire de Leitmeritz et y a été fait prisonnier. Ajoute qu'il a conduit, depuis Olmütz en Moravie jusqu'à Landau, 236 prisonniers du régiment à ses frais et dépens, ce qui, joint à la perte de ses équipages, l'a totalement obéré.

Rapporte copie d'un certificat de M. le duc de Biron, qui commandait la sortie du 19 août, par lequel il paraît que ce qu'il expose est vrai ; qu'il entra dans la batterie des ennemis ; qu'il se conduisit dans cette occasion avec beaucoup de courage et s'y distingua fort.

(Travail du Roi, novembre 1743.)

4° Etat des officiers qui se sont distingués au cours de la campagne en Italie et pour lesquels le maréchal de Maillebois a obtenu la croix de Saint-Louis.

Boischevreuil, capitaine, s'est fort distingué au combat du Tidon, où il a été blessé d'un coup de feu à la tête.

Chevalier de Boiveau, capitaine.

Chevalier de Laubépine, capitaine.

De Kéralio, capitaine aide-major : très brave officier ; a montré la plus grande intelligence et la valeur la plus distinguée au combat de Tidon, où il a soutenu avec le régiment d'Anjou les plus grands efforts de l'ennemi.

Vilhac de la Chaise, capitaine : a été oublié lors de la distribution des grâces accordées aux officiers qui se sont trouvés à l'attaque du pont de Cazal-Bayan, où il a été blessé. A reçu un coup de feu au combat du Tidon.

Pontet, capitaine : s'est fort distingué au combat du Tidon.

(Travail du Roi.)

5° Liste par ancienneté des officiers du régiment d'Anjou en mars 1749.

MM. le chevalier de Rochechouart, colonel.

De Stuart, lieutenant-colonel.

Dagieu, commandant le 2e bataillon.

Desrives, ci-devant commandant le 3e bataillon.

Capitaines.

La Proutière, capitaine de grenadiers.......	15 avril 1730
Besmeaux, capitaine de grenadiers..........	1er juill. 1730
Boischevreuil.	12 sept. 1734
Vilhac.	21 nov. 1734
Larrée, major.	19 oct. 1735
Jaucourt.	24 juin 1736
Belloy.	21 juin 1738
La Boulais.	22 juill. 1739
Boyveau.	25 déc. 1739
Laubépin.	13 janv. 1741
De Kéralio.	Id.
Béauchesne.	24 août 1741
Fontet.	8 mai 1742
La Chaise.	Id.
Beaucemaine.	9 oct. 1743
Cabane.	Id.
Scepeaux.	9 nov. 1743
Compain.	7 mai 1744
Balmondier.	Id.
Jocas.	27 sept. 1745
Bernardière.	Id.
La Poyade.	Id.
Du Margat.	Id.
Medramo.	Id.
Malix.	Id.
Laborie.	Id.
Guichard.	Id.
Dublière.	Id.
Verouillère.	Id.
Ch. de Keralio, aide-major.	Id.
Savignac.	Id.
Marassé.	Id.
La Vesvre.	Id.
La Boissière.	Id.
Mondomaine.	Id.
Martigny.	Id.
Chev. d'Hautpoul.	Id.
Vareille.	28 janv. 1746
Desrives.	14 oct. 1746
Chev. de la Boissière.	Id.
Rivirie.	Id.
Bonissent.	Id.
Mortillon.	Id.

Meilhac.	29 nov. 1746
Castillon.	Id.
Charmasse.	30 janv. 1747
Guynement.	20 févr. 1747
Dampierre.	27 juin 1747
Adée.	Id.
Hugonin.	1er juill. 1748

Lieutenants.

Laforcade, ci-devant sergent.	20 avril 1736
D'Arbousse.	1er nov. 1745
Mercadié.	Id.
La Saigne.	Id.
Chev. de Béon.	Id.
Lastens.	Id.
Roque.	Id.
Murat.	Id.
La Vaissière.	Id.
Mongazin.	Id.
Favols.	Id.
Chev. de Scepeaux.	Id.
La Chevalerie.	Id.
Des Roches.	Id.
Du Gourlay.	8 mars 1746
Aucapitaine.	Id.
Monferra.	Id.
Romain.	Id.
Breauvais, ci-devant sergent.	Id.
D'Andigné.	21 mars 1746
La Barthe.	Id.
Dassier.	Id.
Cornier.	7 juin 1746
Laporte, ci-devant sergent.	14 oct. 1746
Du Coussol.	Id.
Clément.	Id.
Chev. de Maincuf.	Id.
Dieuset, ci-devant sergent.	Id.
Razat.	Id.
Medrano.	30 janv. 1747
Revel.	17 mars 1747
Chev. du Coussol.	22 mai 1747
La Rivière.	Id.
Geoffroy, ci-devant sergent.	27 juin 1747

Lieutenants en 2*.

Catoire, ci-devant sergent.	28 janv. 1746
Payan	14 oct. 1746
D'Antan	17 juin 1747
Mazelli.	Id.
Du Parc, ci-devant sergent.	27 juin 1747
La Coste.	Id.

Enseigne.

Chev. de Favols.	22 avril 1748

6° Tableau des officiers des deux bataillons d'Anjou, après la réduction du 15 janvier 1749.

ÉTAT-MAJOR.

MM. le chevalier de Rochechouart, brigadier colonel.
De Stuard, brigadier lieutenant-colonel.
Dagieu, brigadier commandant le 2e bataillon.
Larrée, major.
De Kéralio, aide-major.
Chev. de Kéralio, aide-major

1er BATAILLON.

Capitaines.	Medrane.	Guinement.
	Laborie.	Adée.
MM.		
	Lieutenants.	*2e lieutenants.*
La Proutière.		
Desrives.	**MM.**	**MM.**
Vilhac.	Dublière.	Lafourcade.
De Belloy.	Savignac.	Breauvais.
Boiveau.	Favevre.	
Beauchesne.	Mondomaine.	*Enseignes.*
Lachèse.	Chev. d'Hautpoul.	
Cabane.	Desrives fils.	**MM.**
Compeins.	Rivirie.	Geoffroy.
Jocas.	Mortillon.	Darbouse.
Lapouyade.	Meillac.	Lasagne.

2e BATAILLON.

Capitaines.		
MM.	Du Marga.	Charmasse.
	Malix.	Dampierre.
De Besmeaux.	Guichard.	Hugonin.
Boischevreuil.		
Jaucourt.	*Lieutenants.*	*2e lieutenants.*
Laboulais.	Verroulière.	Dieuset.
Laubepin.	Marassé.	Laporte.
Pontet.	Laboissière.	
Beaucemaine.	Martigny.	*Enseignes.*
Scepeaux.	Vareille.	
Balmondière.	Chev. la Boissière.	Catoire.
Bernardière.	Bonissan.	Mercadié.
	Castillon.	Duparc.

7° Tableau récapitulatif des opérations du régiment d'Anjou au cours de la guerre de succession d'Autriche.

Août 1741.

Le régiment d'Anjou quitte Thionville pour aller rejoindre l'armée sous Strasbourg; puis, sous les ordres du lieutenant général de Curton-Chabannes, il se dirige par le Würtemberg sur Donauwerth, pour retrouver les Bavarois.

Septembre.

Il arrive à Donauwerth le 11, puis se rend le 21 à Eschelkam, sur la frontière de Bohême, pour couvrir le flanc gauche de l'armée marchant sur Vienne.

Octobre.

Il quitte Eschelkam et va se poster à Wernberg pour protéger le rassemblement à Amberg de l'armée du lieutenant général de Gassion. Entre en Bohême le 21 et arrive le 26 à Pilsen.

Novembre.

Le régiment continue sa marche sur Prague, où il arrive le 20. Prend part à l'attaque de la ville le 26.

Décembre.

Il se dirige sur Budweiss, aux ordres du lieutenant géné-

ral d'Aubigné. Premiers cantonnements d'hiver en arrière
de Frauenberg. En présence d'un retour offensif des Autrichiens, le régiment d'Anjou recule sur la Wottawa. Camp
de Pisseck.

Janvier 1742.

Seconds quartiers d'hiver le long de la Wottawa. Puis le
régiment prend part à l'expédition du maréchal bavarois
de Törring contre le château de Winterberg. Prise des quartiers d'hiver définitifs à Streckna et à Kerstran.

Février à avril.

Le régiment d'Anjou reste dans ses quartiers d'hiver.

Mai.

Il va rejoindre le 20, à Protiwin, l'armée du maréchal de
Broglie. Marche pour débloquer Frauenberg. Bataille de
Sahay le 25. Cantonnements le long de la Moldau.

Juin.

Surprise des troupes françaises par les Autrichiens le 5.
Le régiment regagne en toute hâte Prague, où il arrive le 13.

Juillet.

Début du siège de Prague. Le régiment d'Anjou prend
part à la sortie du 29.

Août.

Suite du siège. Sorties du 19 et du 22.

Septembre.

Fin du siège de Prague. Le 29, le régiment se rend, sous
les ordres du lieutenant général de la Fare, sur la basse
Moldau.

Octobre.

Il continue d'occuper tout le pays entre Melnick et la Saxe.

Novembre.

Au début du mois, le 1er bataillon d'Anjou rentre à Prague,
pendant que le colonel d'Armentières, avec les grenadiers
et le 2e bataillon, s'enferme è Leitmeritz. Il y capitule le 25.

Décembre.

Le 1er bataillon d'Anjou quitte Prague le 16 et prend part
à la retraite du maréchal de Belle-Isle sur Egra, où il
arrive le 30. Le 2e bataillon est emmené prisonnier en Moravie.

Janvier 1743.

Le 1er bataillon se rend à Amberg le 3; puis, de là, se dirige vers la France par la Franconie. Il arrive enfin à Landau, où le nouveau colonel, le comte de Rochechouart-Faudoas, réorganise le régiment.

Février à juin.

Réorganisation du régiment d'Anjou.

Juillet.

Il se rend de Landau à Vienne.

Août.

Séjour à Vienne. Le régiment en part le 26 pour se rendre au camp de la Bessée, entre Briançon et Montdauphin, sous les ordres du lieutenant général de Marcieu.

Septembre.

Il arrive au camp le 7, et le quitte le 28, pour aller rejoindre l'armée de l'Infant don Philippe, qui se dispose à pénétrer en Piémont.

Octobre.

Le régiment passe la frontière le 3 au col de Saint-Véran. Il prend une part glorieuse au combat du 8 devant Pont, et rentre en France le 12. Il va ensuite camper sous Embrun.

Novembre.

Anjou va prendre ses quartiers d'hiver à Grenoble.

Décembre et janvier 1744.

Le régiment d'Anjou reste dans ses quartiers d'hiver.

Février.

Il quitte Grenoble et se rend à Digne, pour rejoindre en Provence l'armée du prince de Conti.

Mars.

Il va ensuite à Grasse et se rapproche du Var.

Avril.

Le régiment d'Anjou traverse le Var le 1er et protège le passage de l'armée le 2. Il prend part à l'attaque manquée de la nuit du 13 au 14, et à la prise du mont Gros le 20.

Mai.

Il cantonne à Lescarène.

Juin.

Il se rend à Sospello, puis à Barcelonnette, sous les ordres du maréchal de camp de Villemur.

Juillet.

Le régiment pénètre en Piémont et contribue à la prise des retranchements des Barricades.

Août.

Il prend part au blocus de Demonte, puis marche sur Coni.

Septembre.

Siège de Coni. Bataille de Notre-Dame-de-l'Olmo.

Octobre.

Levée du siège de Coni. Le régiment d'Anjou recule jusqu'à Demonte.

Novembre.

Il rentre en France le 17 et se rend à Briançon pour y prendre ses quartiers d'hiver.

Décembre 1744 à avril 1745.

Le régiment d'Anjou reste dans ses quartiers d'hiver.

Mai.

Il quitte ses quartiers d'hiver de Briançon et se dirige sur Nice, où se rassemble toute l'armée.

Juin.

Il se rend à Finale en longeant la mer, puis à Carcare, dans la vallée de la Bormida, en franchissant les Apennins.

Juillet.

Il descend la vallée de la Bormida et se trouve, à la fin du mois, avec toute l'armée à Frégarolo, sous les ordres du maréchal de Maillebois.

Août.

Le régiment d'Anjou va assiéger Tortone, aux ordres du lieutenant général espagnol de Gages.

Septembre.

Séjour au camp de San-Giuliano. Le régiment prend part à la bataille de Bassignana, le 27, dans la colonne du lieutenant général de Senneterre.

Octobre.

Il va assiéger Alexandrie, puis se rend à Monte, aux ordres du lieutenant général de Grammont.

Novembre.

Le régiment prend part au siège de Casal, puis prend ses quartiers d'hiver à Casal même, sous le commandement du lieutenant général de Senneterre.

Décembre 1745 à février 1746.

Le régiment d'Anjou reste dans ses quartiers d'hiver à Casal.

Mars.

Il prend part, le 8, à la tentative infructueuse du maréchal de Maillebois pour dégager la garnison d'Asti, puis il recule jusqu'à Pasturana. Le détachement d'Anjou laissé à Casal y est fait prisonnier.

Avril.

Séjour à Pasturana, aux ordres de Chevert.

Mai.

Le régiment marche au secours de Valence, puis se rend à Alice, aux ordres de Chevert, pour couvrir Acqui. Il se dirige ensuite sur Novi, où il retrouve l'armée.

Juin.

Il va renforcer l'armée espagnole. Bataille de Plaisance le 16. Puis l'armée passe sur la rive gauche du Pô.

Juillet.

La brigade d'Anjou, aux ordres de M. de Saulx, est chargée de couvrir l'armée alliée contre les Piémontais.

Août.

L'armée repasse sur la rive droite du Pô. Combat du Tidon, le 10. Retraite vers la France. Traversée des Apennins.

Septembre.

Le régiment recule en combattant le long de la côte. Le 24, il traverse la Roya et arrive dans le comté de Nice.

Octobre.

Il rentre en France le 18, et va au camp de Saint-Laurent-du-Var.

Novembre.

Il recule encore jusqu'au Biot, où il passe tout le mois.

Décembre.

Le régiment, sous les ordres du lieutenant général de Mirepoix, se retire jusqu'au camp de Carnoules.

Janvier 1747.

Après s'y être reconstitué, il prend part à l'offensive du maréchal de Belle-Isle, qui rejette les Austro-Piémontais hors de France, et arrive à Antibes.

Février.

Le régiment se rend à Arles prendre ses quartiers d'hiver.

Mars à mai.

Anjou reste dans ses quartiers d'hiver.

Juin.

Il traverse le Var le 3 et prend part aux sièges de Montalban, Villefranche, Vintimille, sous le maréchal de Belle-Isle.

Juillet.

Il passe tout le mois au camp de Notre-Dame-de-l'Aghet.

Août.

Dans les derniers jours du mois, Anjou se rend à Drap.

Septembre.

Séjour à Drap, aux ordres de M. de Maulevrier.

Octobre.

A la fin du mois, il prend part au déblocus de Vintimille.

Novembre.

Le régiment d'Anjou va prendre ses quartiers d'hiver à Grasse.

Hiver 1747-1748.

Le régiment reste dans ses quartiers d'hiver.

Mai 1748.

Dans les derniers jours du mois, il se rend au camp du Belvédère.

Juin.

La suspension d'armes arrête le régiment au moment où il se disposait à aller attaquer les Piémontais.

Automne.

Anjou cantonne à Roquebilière, Saint-Martin et Saint-Delmas-du-Plan.

Janvier 1749.

Le régiment se rend à Tarascon. Mise sur le pied de paix.

BIBLIOGRAPHIE.

Général Susane. — *Histoire de l'ancienne Infanterie française : Régiment d'Anjou*, t. IV.

Général Pajol. — *Les Guerres sous Louis XV*, t. II et III.

Lieutenant-colonel Belhomme. — *Histoire de l'Infanterie en France*, t. III.

Carnet de la Sabretache (année 1899). — *Correspondance de Jacques-Joseph de Monfrabœuf, marquis de Razat, capitaine d'Anjou-Infanterie.*

Ottokar Weber. — *Die Occupation Prags durch die Frenzosen und die Baiern* (1741-1743).

Histoire des Campagnes des maréchaux de Broglie et de Belle-Isle en Bohême et Bavière (chez Rey, Amsterdam, 1772).

De Vault. — *Campagne de Bohême*. Vol. 2965 des Archives historiques du Ministère de la guerre.

Revue d'Histoire (septembre et novembre 1907).

P. Arvers. — *La Guerre de la Succession d'Autriche dans les Alpes*, par le lieutenant-général de Vault.

Archives historiques du Ministère de la guerre : Années 1741-1748 (Bohême-Italie).

TABLE DES MATIÈRES

www.ingramcontent.com/pod-product-compliance
Ingram Content Group UK Ltd.
Pitfield, Milton Keynes, MK11 3LW, UK
UKHW020019100726
13658UKWH00002B/995